Rudolf Martin

Zur physischen Anthropologie der Feuerländer

Rudolf Martin

Zur physischen Anthropologie der Feuerländer

ISBN/EAN: 9783744613514

Hergestellt in Europa, USA, Kanada, Australien, Japan

Cover: Foto ©Suzi / pixelio.de

Weitere Bücher finden Sie auf **www.hansebooks.com**

ZUR

PHYSISCHEN ANTHROPOLOGIE

DER

FEUERLÄNDER.

VON

Dr. RUDOLF MARTIN.

Docent der Anthropologie an der Universität und am Eidg. Polytechnicum in Zürich.

MIT 19 ABBILDUNGEN UND ZWEI TAFELN.

BRAUNSCHWEIG,
DRUCK UND PAPIER VON FRIEDRICH VIEWEG UND SOHN.
1893.

INHALTSVERZEICHNISS.

Einleitung.

Rassenmonographien sind relativ seltene Erscheinungen in der anthropologischen Literatur und doch sollte eine so junge Wissenschaft, wie es die physische Anthropologie ist, darauf bedacht sein, erst über eine grosse Reihe gewissenhaft durchgeführter Specialuntersuchungen zu verfügen, ehe sie auf ein kleines Material gestützt sich zu weitgehenden Verallgemeinerungen und verfrühten Theorien entschliesst.

Inwieweit in dem vorliegenden Falle die Berechtigung bestand, eine Monographie zu schreiben, möge die Arbeit selbst entscheiden. Das Material, über das ich verfügte, bestand aus fünf completten Skeletten und mehreren Präparaten innerer Organe u. s. w., für deren freundliche Ueberlassung ich Herrn Prof. Ph. Stöhr und Herrn Dr. J. Seitz zum grössten Dank verpflichtet bin. Mit den Resultaten meiner eigenen Beobachtungen habe ich Alles vereinigt, was sich in der Literatur über die Feuerländer vorfand, so dass es gelang, der Arbeit ein Material von 21 Skeletten und 58 Schädeln zu Grunde zu legen. Ich war stets bemüht, die Angaben aller Autoren zusammenzufassen, leider sind aber nicht alle Bearbeitungen so eingehend, als zu wünschen wäre, so dass ich in einer grossen Reihe von Fällen nur meine eigenen Befunde veröffentlichen kann. Ferner war es mein Bestreben, nur die typischen und wichtigen Verhältnisse zu beschreiben, allerdings unter Berücksichtigung auch scheinbar geringfügiger Details. Naturgemäss überwiegt in den folgenden Blättern das descriptive Element; ihm zur Seite steht, wo es jetzt schon möglich schien, das erklärende, und erst in dritter Linie und nur wenn gut fundirte Mittelwerthe vorlagen, habe ich mich auf Vergleiche eingelassen. Im Uebrigen halte ich die Zeit für classificatorische Versuche noch nicht für gekommen.

Bei den Verschiedenheiten, die leider in den Messungsmethoden bestehen, schien es mir dringend nöthig, an dem Ende eines jeden Abschnittes die angewandte Technik in aller Kürze anzugeben: es hat dies ferner den Zweck, meine Angaben stets controliren zu können und die comparative Verwendung der gegebenen Maasse eindeutig zu bestimmen. Ich habe stets die

1

einfachsten Methoden angewandt und besonders diejenigen bevorzugt, nach denen bis jetzt am meisten gemessen wurde; selbst in Fällen, in denen ich gern eine Aenderung vorgenommen hätte, bin ich, um des damit behandelten Materiales nicht verlustig zu gehen, bei diesem Princip geblieben.

Seit Charles Darwin und seine Begleiter uns die ersten ausführlichen Berichte über die Feuerländer und deren Heimath überbrachten, haben eine Reihe gewissenhafter Reisender unser Wissen über diesen interessanten Volksstamm beträchtlich vermehrt. Vor Allem veröffentlichten während des letzten Jahrzehnts Bove, Bridge, Lista, Lorisato u. A. einige werthvolle Studien, doch enthalten die grossen Publicationen der *Mission scientifique du Cap Horn* vom Jahre 1883 und der *South american Missionary Society* (seit 1868 thätig) wohl die bedeutendsten Beiträge, besonders in ethnographischer Hinsicht [1]).

Das allmälig in den Museen Europas angesammelte, fast ausschliesslich osteologische Material fand seine gründliche Bearbeitung durch Owen, Huxley, Flower, Quatrefages, Hamy, Turner, Garson, Mantegazza, Regalia, Sergi, Hyades und Deniker [2]); dem Muskelsystem hat Testut seine Aufmerksamkeit zugewendet.

Am meisten anregend wirkte aber der Besuch einer Feuerländertruppe im Jahre 1881, über welche uns Virchow, Manouvrier und Seitz eingehende Beobachtungen mitgetheilt haben. Von einem Theil der in Zürich gestorbenen Individuen hat Seitz das Gehirn, und v. Bischoff die Genitalien und einige innere Organe der wissenschaftlichen Untersuchung unterzogen.

Ehe ich nun in die systematische Behandlung eintrete, sei es gestattet, einige erläuternde Bemerkungen geographischen und ethnographischen Inhaltes voran-zuschicken.

Das Feuerland umfasst die theils aus Festland, theils aus Inselgruppen bestehende Südspitze des amerikanischen Continents und erstreckt sich vom 53. bis 56. Grade südl. Breite und vom 67. bis 75. Grade westl. Länge n. Gr. Politisch wurde das Land durch den Grenzvertrag zwischen Chile und Argentinien vom 23. Juli 1881 in der Weise getheilt, dass der grössere westliche Theil, sowie die südlich vom Beagle-Canal gelegenen Inselgruppen Chile, dagegen der kleinere, östliche Argentinien zufiel.

Wie ein Keil in den Ocean hineingetrieben, ist das Land an drei Seiten von Wasser umgeben, im Inneren selbst von Meeresarmen durchzogen und im Norden von einer unfruchtbaren Steppe begrenzt: ein Terrain, wie geschaffen zur Völkerisolation. Zudem sind die orographische Configuration und die klimatischen Verhältnisse nicht in allen seinen Theilen gleichartig. Während im Osten das Klima relativ trocken, der Boden flach und unbewaldet ist, hat der bergige und felsige Westen Ueberfluss an Niederschlägen. Der Süden steht in der Mitte zwischen diesen beiden Extremen, doch zeigen sich, durch die Verschiedenheit der Bodenbeschaffenheit bedingt, beträchtliche locale Differenzen. Im Grossen und Ganzen ist das Klima feucht, ziemlich constant

---

[1]) Eine Aufzählung sämmtlicher Reisender, die das Feuerland besuchten, findet sich in Vol. VIII, p. 2—6 d. Miss. scient. du Cap Horn. Dieser längst erwartete, letzte, von Hyades und Deniker bearbeitete Band, der die anthrop.-ethnolog. Beschreibung enthält, erschien kurz vor Abschluss dieser Arbeit und konnte noch grösstentheils berücksichtigt werden. Leider ist gerade das Skeletsystem nur kurz behandelt und die Messungen am Lebenden nicht einwurfsfrei, aber dennoch enthält er eine Fülle wichtiger Aufschlüsse.

[2]) Bezüglich der Literaturangaben vergl. das Verzeichniss am Schluss der Arbeit.

mit einer mittleren Temperatur von $+ 6^0$ C.; das beobachtete Minimum beträgt $- 12^0$ C. (Bridge), das Maximum $+ 24^0$ C. (Hyades).

Fauna und Flora, der Inbegriff der natürlichen Existenzbedingungen eines isolirten Volkes, sind dürftig und ebenfalls regional verschieden. Landthiere, wie Guanaco, Ctenomys, Ratten, Füchse, ferner Seehunde, Ottern und Fische kommen in grösserer Anzahl nur im Osten vor, während im Westen und auch im Süden sich die Schalthiere im Ueberfluss finden. Mytilus magellanicus, Lithodes antarcticus etc. bilden daher die Hauptnahrung der Bewohner. Von Vegetabilien geniessen diese Animalier ausser einigen Wurzeln nur einen Schwamm (Cylarea Hookeri), der auf der Rinde von Fagus betuloides, des verbreitetsten Baumes, sich findet. Fagus antarcticus (die immergrüne Buche), Cypressen, Leñadaragebüsche kommen fast nur im Norden vor, während der Süden reicher an Grasflächen ist.

Dieses Land ist fast nur an den Küsten bewohnt; die Schätzungen über die Bevölkerungsdichtigkeit wechseln zwischen 1500 und 8000 Seelen, doch dürfte die erstere Zahl der Wahrheit näher kommen.

Die Eintheilung dieser Bevölkerung in drei Stämme, die schon von den früheren Reisenden angenommen wurde, ist als berechtigt beibehalten worden, und so unterscheidet man:

1. Die Ona (oder Wua, oder Jacana-kunny [Fitz-Roy] oder Aonik [Brinton Lit. 12, 329] im Osten,

2. die Jahgan (auch Jagan oder Japoos oder Tekenika [Fitz-Roy]) im Süden, und

3. die Alakaluf (oder Alikoolip) im Südwesten; die im äussersten Westen wohnenden Stämme sind nach Bridge noch unbekannt.

Triftige Gründe physischer und psychischer Natur sprechen dafür, die Ona, die sich immer mehr nach Süden ausbreiten, für Verwandte der Patagonier anzusehen und von den eigentlichen Feuerländern abzutrennen. Dass an der Berührungszone Dieser mit Jenen Mischungen vorkommen, ist wohl selbstverständlich, im Uebrigen fürchten die weiter südlich wohnenden Jahgan ihre nördlichen Nachbarn[1]). Diese Jahgan, die zu beiden Seiten des Beagle-Canals und auf den südlichen Inseln wohnen, sind die bestgekannten; auf ihrem Gebiete befindet sich Uschuaya (auch Ooshooia und Uschuvia geschrieben), die Stätte der englischen Missionsgesellschaft, und hier hat auch die französische Expedition ihre somatologischen Beobachtungen gemacht. Auch die Mehrzahl der in europäischen Sammlungen befindlichen Schädel und Skelette wird diesem Stamme zugeschrieben. Alle Reisenden[2]) sind übrigens darin einig, dass die im Westen sich anschliessenden Alakaluf mit den Jahgan, wenn auch nicht, in der Sprache, so doch in ihrer physischen Beschaffenheit fast völlig übereinstimmen. Ich hielt es daher auch für angebracht, in der vorliegenden Arbeit beide Stämme gemeinsam zu behandeln, und dies um so mehr, als die Provenienz eines Theiles des osteologischen Materials durchaus nicht sicher bekannt ist: es mag der Zukunft vorbehalten bleiben, für beide Triben getrennte Monographien zu schreiben[3]).

---

[1]) Hyades und Deniker, Lit. 27, S. 15.

[2]) Vergl. z. B. Bridges und Mantegazza, Lit. 36, S. 23.

[3]) Zu diesem Zweck habe ich jeweils die Zahlen, welche die Alakaluf betreffen, neben der Verarbeitung mit den Resultaten der anderen Forscher getrennt mitgetheilt.

Zu diesen Alakaluf gehörten nun auch diejenigen Individuen, deren Skeletsystem ich in den folgenden Blättern einer morphologischen Analyse unterzogen habe; sie waren Theilnehmer jener unglücklichen Truppe, die im Jahre 1881 nach Europa geführt wurde, um zum grössten Theil auf unserem Culturboden zu Grunde zu gehen.

Die Angabe der Führer, dass diese Leute von der Hermite-Insel, einer der südlichsten des Magellanischen Archipels, stammten, hat sich als unrichtig erwiesen; Bridges, der die drei Zurückgekehrten in Uschuaya sah, constatirte, dass sie kein Wort Jahgan verstanden und dass die Dawson-Insel[1]) im Nordwesten des Admirality Sound ihre Heimath war. Dahin wurden sie auch zurückgeführt.

Bei ihrer Landung an der europäischen Küste bestand die Truppe aus 11 Individuen, nämlich 4 Männern, 4 Frauen und 3 Kindern im Alter von 3 bis 4 Jahren. Ich setze die denselben von den Führern gegebenen Namen, die im Text nur mit den Anfangsbuchstaben bezeichnet werden, nebst dem auf Schätzung beruhenden Lebensalter hierher:

Capitano (C.)	40	Jahre alt
Antonio (A.)	40	" "
Henrico (H.)	19	" "
Pedro (P.)	18 bis 20	" "
Frau Capitano (Fr. C.)	40	" "
Grethe (G.)	20 bis 24	" "
Trine (T.)	20	" "
Liese (L.)	18	" "

Von den Kindern starb ein Mädchen von 4 Jahren in Paris; Grethe kam als Leiche nach Zürich († 16. 2. 1882); an letzterem Orte starben Henrico († 28. 2.), Liese († 11. 3.), Capitano und Frau Capitano († 12. 3.). Als Todesursache der letzten drei Personen giebt Seitz[2]) Bronchopneumonie an, H. litt an brandigem Schanker und starb an Dysenterie, G. war einer chronischen Lungenentzündung zum Opfer gefallen. Kurz vor dem Tode wurde die Truppe noch von einer Masernepidemie befallen, die wohl den bösartigen Ausgang der Lungenaffection mitbewirkte oder mindestens beschleunigte.

Die im Folgenden beschriebenen Skelette und Weichtheile obiger Individuen befinden sich in der anthropologischen Abtheilung der anatomischen Sammlung der Universität Zürich.

A) Skelettsystem.

I. Schädel.

Die fünf Alakalufschädel stimmen in allen wesentlichen Punkten mit einander überein, nur derjenige C.'s ist im Ganzen grösser, mächtiger und schwerer.

Das Gewicht des Schädels ist höher als beim Europäer; es bewegt sich bei den ♂ zwischen 795 und 945 g, bei den ♀ zwischen 690 und 745 g.

Sergi fand eine individuelle Variation von 635 bis 1114 g für 10 ♂ und 594 bis 850 g für 3 ♀; Hyades notirt 1034 resp. 839 g.

---

[1]) Lit. 53, 1882, S. 254. Hyades, Lit. 27, S. 13, giebt die Clarence-Insel als Heimath an.

[2]) Seitz, Lit. 48, S. 154 und 346. Bollinger, Lit. 6, S. 25, hielt die Lungenaffection für tuberculöser Natur.

Zur physischen Anthropologie der Feuerländer.

Die Schädelcapacität beträgt für die ♂ im Mittel = 1590 ccm, für die ♀ = 1363 ccm; für ♂ und ♀ = 1454 ccm; die erstere Zahl ist durch die grosse Capacität C.'s (= 1710 ccm) etwas in die Höhe getrieben, doch hat Hyades noch einen höheren individuellen Werth mitgetheilt:

Autoren	Ind.-Zahl	♂	Ind.-Zahl	♀
Mantegazza	11	1385	6	1297
Sergi I.	5	1449	8	1250
Garson	6	1452	2	1245
Hyades (Jahgan)	3	1641	3	1337
Turner	2	1376	2	1291
Quatrefages	2	1680	—	—
Martin	2	1590	3	1363
Sergi II.	1	1303	—	—
Hyades (Alakaluf?)	2	1707	—	—

In Anbetracht der Divergenz der angewandten Methoden lassen sich die hier mitgetheilten Zahlen der einzelnen Autoren nicht zusammen berechnen, ein Blick auf die beiden Reihen sagt uns aber doch, dass die Feuerländer im Grossen und Ganzen in das Grenzgebiet der Gruppen mittlerer und kleiner Capacität zu stellen sind. Die individuelle Variation ist gross; ferner scheinen die Alakaluf, die von etwas grösserer Statur sind, höhere Werthe zu ergeben, als die Jahgan, auch ist die geschlechtliche Differenz ziemlich beträchtlich.

Die grösste Länge des Schädels beträgt für die ♂ = 192 mm, für die ♀ = 185 mm; die grösste Breite für die ♂ = 145 mm, für die ♀ = 141 mm. Daraus berechnet sich ein Längen-Breitenindex von 75,3 für die ♂ und 76,5 für die ♀.

Autoren	♂	♀
Garson	75,0	79,8
Quatrefages	74,8	—
Turner	75,2	78,0
Sergi	79,3	77,3
Mantegazza	76,5	77,9
Hyades	77,2	78,9
Martin	75,3	76,5
Total	76,2	78,0

Trenne ich, soweit dies möglich ist, die beiden Stämme, so ergiebt sich [1]:

Stämme	Anzahl	Index ♂	Anzahl	Index ♀
Jahgan	27	76,9	18	77,8
Alakaluf	7	75,2	5	76,6

Ich glaube, diese Zahlen dürften genügen, um von nun an die Feuerländer definitiv als mesocephal zu bezeichnen und andere, auf ungenügendes Material basirende Angaben aus der Literatur zu verbannen [2]. Zwischen den beiden Triben macht sich insofern ein interessanter Unterschied geltend, als die Alakaluf, also die nördlicher Wohnenden, sich mehr dem dolichocephalen Typus nähern [3], und zwar in beiden Geschlechtern. Auf der anderen Seite besteht ebenfalls in beiden Gruppen eine deutliche sexuelle Differenz, nach welcher der ♀ Schädel ausgesprochener mesocephal, d. h. runder ist [4], während der ♂ eine etwas länglichere

---

[1] Diese Indices sind aus den Einzelwerthen der Autoren, nicht aus deren Mittelzahlen berechnet.

[2] Noch in Quatrefages: Histoire gén. des Races humaines, 1889, p. 559, sind die Feuerländer als „franchement dolichocephale" bezeichnet.

[3] Auch Bähr (Lit. 5, S. 30) fand bei drei Männern, die er beim Cap Froward, also mitten im Gebiet der Alakaluf maass, zwei dolichocephale und einen mesocephalen Index.

[4] Hyades (Lit. 27, S. 127) constatirte auch an Kindern das Ueberwiegen brachycephaler Formen.

Form besitzt. Nach den Erfahrungen Virchow's[1] kommt ein ähnliches Verhalten auch bei anderen Rassen nicht selten vor, indem bei im Grossen und Ganzen vorherrschender Mesocephalie die Frauen häufig in die Brachycephalie hinübergreifen. Dass aber die Feuerländer im Wesentlichen durchaus mesocephal sind, zeigen nicht nur die Mittelzahlen, sondern auch die Einzelwerthe; es sind nämlich von den ♂ Alakaluf nur zwei leicht dolichocephal, dagegen fünf mesocephal und keiner brachycephal; die ♀ sind sämmtlich mesocephal; von den Jahgan sind unter 25 ♂ 7 dolichocephal, 15 mesocephal und 5 brachycephal; von den 18 ♀ sind 13 mesocephal, nur eine einzige dolichocephal und 4 brachycephal; es sind also von 57 Feuerländerschädeln 38 durchaus mesocephal, während die übrigen nahegelegene Werthe der beiden anderen Gruppen ergeben.

Die Vermuthung Turner's, dass der autochthone Stamm dolichocephal war und durch Vermischung mit den brachycephalen Patagoniern[2] erst die mesocephale Kopfform erwarb, gewinnt durch die obigen Resultate an Wahrscheinlichkeit. Einerseits wird von mehreren Reisenden (Fitz-Roy, Darwin, Cunningham, Bridges etc.) berichtet, dass die den Patagoniern (Tsonca) am nächsten Wohnenden Jacana-kunny oder Ona mehr brachycephal sind, und andererseits geht aus meiner Zusammenstellung hervor, dass unter allen im N.-W. lebenden Alakaluf kein einziger brachycephaler Schädel sich findet, während die Jahgan in der Mitte von beiden die Mesocephalie am deutlichsten zeigen.

Die Längen-Breitenindices, die von verschiedenen Forschern an lebenden Feuerländern bestimmt wurden, stimmen mit den am Schädel gewonnenen überein, nur sind dieselben stets etwas höher. Speciell für die 5 Alakaluf berechnete Virchow ein Mittel für die ♂ = 79, für 2 ♀ = 80,1; Manouvrier ein solches von = 79,9 für 4 ♂ und = 80,2 für 4 ♀. Hyades maass im Lande selbst 26 ♂ Jahgan mit einem mittleren Index von 79,53 und 23 ♀ mit einem solchen von 78,99; ausserdem 8 ♂ Alakaluf mit = 77,18 und 6 ♀ mit = 79,84. Auch hier die typische Geschlechts- und Stammesdifferenz, nur das Mittel der ♀ Jahgan macht eine Ausnahme; alle Zahlen verweisen die Feuerländer aber in die mesocephale Gruppe mit Hinneigung zur Brachycephalie, besonders im weiblichen Geschlecht.

Da ich von drei Individuen, die von Virchow lebend gemessen wurden, die Schädel untersuchen konnte, so will ich die Kopf- und Schädelindices derselben neben einander stellen, was bei der Seltenheit eines derartigen Vorkommens auch von principiellem Werthe sein dürfte.

	Grösste Länge		Grösste Breite		Längen-Breitenindex		Differenz		
	Kopf	Schädel	Kopf	Schädel	Kopf	Schädel	gross. Länge	gröss. Breite	Indices
H.	195	187	154,5	142	79,2	75,9	8	12,5	3,3
C.	212	198	163	148	76,8	74,7	14	15	2,1
L.	194,5	186	155	143	79,6	76,8	8,5	12	2,8

Die Indices, die am Schädel gewonnen wurden, sind also um ein Beträchtliches niedriger als diejenigen des lebenden Individuums, und dies rührt wesentlich daher, dass die Differenz zwischen den beiden Messungen grösser ist beim Breiten- als beim Längenmaass. Will man daher Kopfindices auf Schädelindices reduciren, so wird man entweder die einzelnen Maasse um bestimmte, aber verschiedene Grössen verkleinern, oder den Index um 2 bis 3° niedriger ansetzen müssen. Dies dürfte wenigstens im Allgemeinen für die Feuerländer gelten, wird aber mit der Dicke der Kopfhaut bei den einzelnen Rassen wohl variiren. Hyades hat in ähnlicher Weise die Kopf- und Schädel-Längen-Breitenindices der Feuerländer, allerdings nicht der gleichen Individuen, zusammengestellt und schliesst, dass man jenen um 2 bis 2,5 bei ♂ und 1 bis 1,5 bei ♀ reduciren musse, um diesen zu erhalten. Doch gilt dies nicht für jeden individuellen Fall.

Die Höhe des Schädels ist nicht beträchtlich; sie beträgt im Mittel für die ♂ = 141 mm, für die ♀ nur 136,6 mm, was mit den Angaben der Autoren übereinstimmt. Es ergiebt sich in Folge dessen im Mittel für die Feuerländer ein orthocephaler oder metriocephaler (Terminologie Turner's) Längen-Höhenindex.

Autoren	♂	♀
Sergi	76,0	74,9
Garson	74,2	74,4
Turner	74,7	—
Hyades	71,4	71,0
Mantegazza	72,2	72,4
Martin	73,2	69,3

[1] Lit. 57, S. 383. — [2] Die Brachycephalie der das heutige Patagonien bewohnenden Stämme ist sicher erwiesen, doch wird sie durch künstliche Deformation verstärkt. Früher wohnte aber auch in diesem Gebiete eine dolichocephale Rasse. Es muss hervorgehoben werden, dass die Feuerländer durchaus nicht deformiren.

Die hohen Werthe Sergi's und Garson's erklären sich durch eine Verschiedenheit der Technik (andere Höhe), wodurch auch eine einheitliche Verarbeitung der Einzelwerthe des Breiten-Höheuindex unmöglich ist.

Folgende Tabelle enthält die Mittelwerthe der Autoren:

Autoren	♂	♀
Hyades	92,9	91,9
Mantegazza	94,7	93,1
Garson	90,3	93,9
Sergi	95,9	97,0
Martin	97,4	92,2

Das Höhenmaass ist in allen Fällen etwas geringer als die grösste Breite, bei den ♀ ein höherer Grad als bei den ♂ und der Breiten-Höheuindex der Feuerländer muss als mesosem bezeichnet werden.

Der Horizontalumfang des Schädels ist grösser, als bei den meisten farbigen Menschenrassen, ja ist im Mittel — die Angaben sämmtlicher Autoren vereinigt — sogar etwas höher als beim Europäer. Er beträgt im Mittel für die ♂ = 541 mm, für die ♀ = 502 mm, während Broca für die ♂ Pariser ein Mittel von 525 mm, für die ♀ von 498 mm angegeben hat.

Auch auf das interessante Verhältniss von Cranialumfang (Nasion-Opisthion) zur Basallänge (Basis cranii + Länge des Foramen magnum)[1] möchte ich noch kurz hinweisen. Es bestätigt sich nämlich auch für die Feuerländer, was bereits für die Australier nachgewiesen war, dass die Basallänge der Naturvölker an sich lang ist, während das Verhältniss vom Cranialumfang zu dieser Linie bei ihnen geringer ausfällt, als beim Europäer. Folgende Zusammenstellung möge diese Thatsache illustriren:

Maass	Feuerländer	Australier	Europäer
Basallänge	136,4	139,8	134,3
Cranialumfang	376,2	380,4	376,5
Index	2,75	2,72	2,80

Der Index für die Feuerländer ist sehr niedrig, wenn wir berücksichtigen, dass der Umfang durch die erhabene Sagittalnaht, die Vorwölbung des Occipitale, sowie durch den Sägeschnitt des Schädels bedeutend vergrössert ist; könnten wir einen Theil dieser Factoren eliminiren, so würde er wohl demjenigen der Australier gleichkommen.

Nach der Besprechung dieser wesentlichen Charaktere wende ich mich zum Studium der Einzelheiten des Schädels, wie sie sich bei der Betrachtung der verschiedenen Normen darbieten.

1. Norma verticalis.

Sämmtliche Schädel zeigen eine eiförmige, in der Frontalregion bedeutend verschmalerte Form, während dagegen die Parietalhöcker sich stark vorwölben und in den meisten Fällen die grössten, seitlichen Ausladungen bilden[2]. Bei einigen, besonders weiblichen Schädeln kommt es zu einer ausgesprochenen Biruform, bei anderen entsteht durch eine starke Entwickelung des Arcus superciliaris und Processus jugales eine secundäre, frontale Verbreiterung. Diese ist es, die zusammen mit der flachen, fliehenden Stirn eine dem Neanderthalschädel ähnliche Gestalt hervorruft, auf welche Mantegazza und Regalia zuerst aufmerksam gemacht haben[3]. In Folge des beinahe gestreckten Verlaufs der nach vorn stark convergirenden Seitenlinien sind die Feuerländer-Schädel phänozyg. Typisch ist ferner eine partielle, meist nur das vordere Drittel betreffende, kammartige Erhöhung der Sagittalnaht, die theilweise so stark ist, dass sie bereits am Lebenden auffiel. Auch Böhr[4] hat diese firstenartig, sich von beiden Seiten gegen den Scheitel zuspitzende Erhebung in seiner kurzen Beschreibung dreier Alakaluf besonders hervorgehoben. Ich halte diese Eigenthümlichkeit für eine Folge einer bedeutenden, beiderseitigen Depression der Parietalia oberhalb des Ursprunges des M. temporalis. Diese einer flachen Grube gleichende Vertiefung beginnt gewöhnlich 10 bis 15 mm hinter der Coronalnaht und erstreckt sich je nach dem Längendurchmesser des Schädels 40 bis 50 mm in die Breite

---

[1] Cleland: Transactions of the Royal Society of London, Vol. 160, p. 117 und Turner: Journal of Anatomy 1891.

[2] Turner fand dagegen die grösste Breite in der Region der Squama temp.

[3] Lit. 36, S. 25, 26.

[4] Lit. 5, S. 30.

und 20 bis 30 mm in die Länge. Der aufgeworfenen Sagittalnaht entspricht an der Innenwand des Schädeldaches eine 25 bis 30 mm breite Vertiefung, von der aus sich die Parietalia lateralwarts emporwölben [1]. An Europäer-Schädeln, bei denen die Oberfläche überhaupt ebener und gleichmässiger ist, als bei den Feuerländern, konnte ich bis jetzt eine derartige Bildung nicht finden. Die Lineae temp. sup. liegen hoch und sind scharf ausgeprägt, worauf ich noch näher zu sprechen kommen werde. Eine Sutura frontalis ist nicht mehr vorhanden; es findet sich aber an den meisten Schädeln an ihrer Stelle eine Erhöhung, die in einem extremen Falle (C.) etwas oberhalb des Ophryon spitz beginnt und gegen die Coronalnaht divergirt, um von hier aus wieder zu convergiren und in die oben beschriebene Erhebung der Sagittalnaht überzugehen. Dadurch wird ein viereckiges Plateau gebildet, dessen Mittelpunkt das Bregma ist und dessen Winkel in der Coronalnaht, Sagittalnaht und zwischen den Arcus superciliares gelegen sind. Auch Hyades hat diese Bildung, die sich manchmal noch weiter nach hinten erstreckt, in mehr oder weniger starker Ausprägung an allen seinen Schädeln gefunden. Dadurch fehlt auch jenes für den Europäer charakteristische Vorwölben der oberen Seitentheile des Frontale; die Tubera frontalia sind kaum erkennbar und liegen nahe der Mittellinie. Die Glabella ist leicht gewölbt, ungefähr der Form 2 des Broca'schen Schemas entsprechend, und je nach ihrer Erhebung und der Ausbildung der Arcus superciliares, die im Ganzen kurz und wenig lateralwarts ausgedehnt sind, und nur bei C. stark hervorragen, nimmt die vordere Contur des Stirnbeins entweder eine mehr geschweifte oder eine wellenförmige Gestalt an.

2. Norma lateralis.

Die Stirn wendet sich, wie bereits erwähnt, ziemlich stark nach hinten, ist lange nicht so hoch gewölbt, wie beim Europäer und geht bald in eine sehr flache Curve über, die in der Gegend der Parietallöcher mehr oder weniger scharf nach hinten abfällt. Von der Protuberantia occipit. ext. an, die in keinem mir vorliegenden Schädel zu einem Torus occipitalis, wie ihn Hyades beschreibt, entwickelt ist, verläuft die Hinterhauptslinie in einer geraden und selbst concaven Linie nach vorn. Die Squama temporis ist relativ klein und ihre Naht ist in der oberen Partie fast geradlinig. Bemerkenswerth ist dagegen die grosse Ausdehnung des Planum temporale, besonders bei den beiden Männern, das sich durch seine glatte Fläche scharf abhebt und hinten längs der Lambdanaht sogar aufgeworfen erscheint. Der Musculus, sowie die Fascia temporalis müssen stark ausgebildet gewesen sein. Der Processus mastoideus ist relativ kurz, in sagittaler Richtung etwas verbreitert, jedoch an den fünf Alakalufschädeln nicht in dem Grade, wie Hyades und Mantegazza es beschreiben. Die Nasalia sind eher kurz, durchschnittlich 22 mm lang, zeigen aber eine an allen Schädeln vorhandene, durchaus charakteristische tiefe Einsattelung in ihrer oberen Hälfte, wodurch sie im Profil eine S-Form annehmen. Diese Gestalt, die Mantegazza und Regalia als Rassenmerkmal beanspruchen, entspricht ungefähr dem Typus 4 des Broca'schen Schemas, doch sind beide Curven weit stärker ausgesprochen. Die Spina nasalis ist von mittlerer Länge, eher klein. (Nr. 2 in Broca's Schema.)

Der Gesichtswinkel, direct gemessen nach Broca, beträgt im Mittel = 74° (Scheitel am unteren Nasenpunkt) resp. = 60° (Scheitel am Alveolarpunkt). Garson hat letztere mit 67° angegeben, doch lassen sich die Resultate der einzelnen Forscher in Folge der verschiedenen Technik nicht neben einander stellen. Ich habe deshalb noch den Index gnathicus (Flower), der sich durch seine geringe individuelle Variation als wichtiges Rassenmerkmal bewährt hat, bestimmt und gefunden, dass derselbe im Mittel = 98,1 (σ = 96,2; φ = 99,3) beträgt. Garson berechnete aus seinen und Turner's Schädeln ein Mittel von 99,2 für die σ und = 99,1 für die φ. Diese Werthe stimmen mit den meinigen nahe überein; der Feuerländerschädel ist daher mesognath, wenn auch einzelne Individuen schwach orthognathe Indices aufweisen (die individuelle Variationsbreite meiner Schädel beträgt 6,8); kein einziger ist prognath.

Eine Messung des Profilwinkels nach der Vorschrift der Frankfurter Verständigung ergab nach Sergi = 82° und stellt daher die Feuerländer nach dieser Terminologie an die Grenze von Proguathie und Orthognathie.

Was die Längen der einzelnen Schuppenbogen anlangt, so sind dieselben ziemlich verschieden, doch muss es als ein auffallendes Merkmal der Feuerländer betrachtet werden, dass die Occipitalschuppe, entweder die Parietal- oder die Frontalschuppe, ja selbst beide gleichzeitig an Länge übertrifft. In allen fünf Fällen ist die Frontalcurve kleiner als der Occipitalbogen; in zwei Fällen zeigt selbst das Parietale ein gleiches Verhältniss, was auch Turner an zwei seiner drei Individuen constatirt hat. Während bei den meisten Rassen, die dieser Autor untersuchte, das Frontale die Tendenz hatte, die beiden anderen Theile des Schädeldaches an Bogenlänge zu übertreffen, so muss für die Feuerländer die absolut kleine Frontalcurve und das Ueberwiegen des Occipitalbogens als Rassencharakteristicum angesehen werden [2]. Es ist selbstredend, dass diese Bildung mit der Flachheit der Stirn und dem Vorwölben des Hinterhauptes in Zusammenhang steht.

---

[1] An den Schädelausgüssen besonders schön zu sehen.
[2] Bei den Papua z. B. überwiegt in der Regel das Parietale.

8. Norma frontalis.

Wie bereits bei der Betrachtung der Norma verticalis erwähnt, beginnen die Arcus superciliares direct in der Medianlinie, wenden sich scharf nach oben und reichen nur bis zum Foramen supraorbitale. Ihre Ausprägung ist nur bei C. stark zu nennen. Ausserhalb derselben ist das Stirnbein etwas vertieft, wodurch der Processus jugalis erhöht erscheint. Die Interorbitalbreite ist gering, sie beträgt im Mittel für die fünf Schädel == 22,8 mm (♂ == 25,0; ♀ == 21,3); nach Garson == 24,0 für die ♂ und == 22,5 für die ♀, was zum Theil durch die geringe Wurzelbreite der Nasalia bedingt wird.

Die Apertura nasalis entspricht ungefähr der Form 3 [1]) bis 4 des Topinard'schen Schemas; ihr Unterrand ist nur in einem Falle scharf [2]), in allen übrigen geglättet und flach. Die Spina nasalis ist kurz, dagegen an ihrer Basis ziemlich breit. Von den fünf Schädeln sind vier mesorrhin und nur einer leptorrhin; der mittlere Nasalindex beträgt für die ♂ == 48,5, für die ♀ == 47,9, für ♂ und ♀ == 48,1. Vergleicht man die individuellen Werthe sämmtlicher Autoren, so sieht man, dass die leptorrhinen Formen an Zahl überwiegen; es sind nämlich von den ♂ Schädeln 15 leptorrhin und 11 mesorrhin, von den ♀ sogar 13 leptorrhin und nur 4 mesorrhin; wir werden also die Feuerländer als leptorrhin mit starker Hinneigung zur Mesorrhinie bezeichnen, und zwar überwiegt die letztere Form im weiblichen Geschlecht. Am Lebenden dagegen ist der Index stark mesorrhin, wenn nicht platyrrhin, eine eigenthümliche Differenz zwischen Nase und Nasenskelet die sich auch beim Eskimo findet [3]).

Die Orbitae sind gross, meist mit scharfen, aber an den Ecken gerundeten Rändern; der obere ist fast geradlinig, der untere mehr gekrümmt und die seitlichen ihrer Curvatur nach zwischen diesen beiden in der Mitte stehend: eine typische Bildung der knöchernen Orbita, die bereits Morton [4]) als charakteristisch für die ganze amerikanische Rasse hervorgehoben hatte. Der mittlere Orbitalindex der fünf Alakalufschädel beträgt == 84,9 (♂ == 85, ♀ == 84,6), steht also an der Grenze von Mesokonchie und Hypsikonchie, oder ist nach Broca's Terminologie mesosem. Von den individuellen Zahlen der Autoren ist die grosse Mehrzahl (41 von 55) hypsikonch, und zwar vertheilen sich dieselben in der folgenden Weise auf beide Geschlechter:

Orbitalindex	♂	♀
Hypsikonch	23	18
Mesokonch	8	6

Es sind die Feuerländer im Durchschnitt daher hypsikonch, und zwar finden sich sehr hohe Werthe dieser Form in einer grossen Anzahl individueller Fälle. Die Ebene des Vorderrandes der Orbita ist bei den verschiedenen Individuen verschieden gestellt; durch die starke Entwickelung des Processus jugalis bei den Schädeln mit neanderthaloidem Typus wird dieselbe bedeutend der Medianebene genähert. Es beträgt der Naso-malar-Index [5]) (nach O. Thomas) für die fünf Alakalufschädel im Mittel == 107,9 (für die ♂ == 110,8, für die ♀ == 106,0). Den kleinsten Index von nur 104 besitzt L., was der Orbitalregion ihres Schädels ein anthropoides Aussehen [6]) giebt, während die beiden Männer dem europäischen Mittel (== 111,1) nahe kommen. Sergi hat ein Mittel von 107 und Garson ein solches von 106 angegeben, die anderen Autoren haben dieses, wie mir scheint, für die Physiognomie des Gesichtes wichtige Merkmal leider nicht berücksichtigt. Die Maxillae zeigen eine ziemliche Breitenentwickelung; das Foramen infraorbitale besitzt einen auffallend grossen Durchmesser und der Canal verläuft fast in sagittaler Richtung, nicht, wie meistens beim Europäer, lateralwärts. Bemerkenswerth ist auch die Tuberositas malaris, die höckerförmig nach unten ragt und dadurch zur Verbreiterung des Mittelgesichtes beiträgt.

Ueber die Breitenverhältnisse des Gesichtsschädels als Ganzes, zusammen mit dem Unterkiefer, orientirt am besten eine Vergleichung der wichtigsten Breitenmasse, wie ich sie in der umstehenden Tabelle, soweit sie von den verschiedenen Autoren angegeben sind, zusammengestellt habe.

Da die Serien der verschiedenen Autoren nicht gleich gross sind, lassen sie sich nicht absolut vergleichen, wo aber die Mittelwerthe aus einer grösseren Anzahl Einzelzahlen gewonnen wurden, zeigen sie grosse Annäherung. Die grösste Uebereinstimmung herrscht in der Breite zwischen den Jochbogen, neben welcher die kleinste Stirnbreite die Verschmälerung des Gesichtsskelettes nach oben deutlich zum Ausdruck bringt.

---

[1]) Auch die grösste Anzahl der Schädel Mantegazza's und Hyades' besitzt diese Form.

[2]) Garson fand sie an allen seinen Schädeln scharf und gut ausgesprochen.

[3]) Vergl. l'Anthropologie, Vol. II, p. 704.

[4]) Morton, Inquiry into the distinctive Characteristics of the Aboriginal Race of America, nach Lit. 43, V, p. 724.

[5]) Vergl. Journ. of the Anthropological Institute etc. Tom. XIV, p. 335.

[6]) Mittel aus 7 Gorilla == 103,0.

Autoren	Kleinste Stirnbreite		Obere Gesichtsbreite		Jochbreite		Unterkieferwinkelbreite	
	♂	♀	♂	♀	♂	♀	♂	♀
Garson	93,4	95	107,1	106	143,1	133,7	104,6	—
Sergi	98	90,8	—	—	143	131	100	93
Mantegazza	95,5	92	109	103,1	143	134,8	—	—
Hyades	102	87,5	114	100	147	125,4	104	—
Martin	101,5	90,3	113,5	104,6	142	135,3	106	101,6

Berechnet man die relativen Breitenverhältnisse, indem man die Breite zwischen den Jochbogen = 100 setzt, so ergiebt sich:

Kleinste Stirnbreite . . . . circa 66,4
Obere Gesichtsbreite . . . . „ 76,9
Unterkieferwinkelbreite . . . . „ 72,7

Durch diese Zahlen, wenn sie auch nur approximative sind, wird die sechseckige Gestalt des Gesichtskelettes gut charakterisirt; die Verschmälerung nach oben ist bedeutender, als nach unten und besonders ist die grosse Differenz zwischen den beiden ersten Maassen typisch für die Feuerländer. In ähnlicher Weise hat Topinard die relativen Breitenverhältnisse einer vorderen und hinteren Gesichtscontur bestimmt und ich theile die Werthe hier mit, die Garson für die Feuerländer gefunden, zusammen mit Topinard's Zahlen für drei andere Rassen.

Vordere Contur	Feuerländer	Pariser	Neucaledonier	Eskimo
Obere Gesichtsbreite	88,5	92,5	91,3	85,5
Largeur bijugale	100,0	100,0	100,0	100,0
Mittlere vordere Gesichtsbreite	80,8	78,8	97,8	84,1
Hintere Contur				
Grösster Frontaldurchmesser	81,5	90,7	77,2	75,7
Jochbreite	100,0	100,0	100,0	100,0
Untere Gesichtsbreite	73,0	75,2	74,4	81,4

Auch aus dieser Tabelle ersieht man, dass die Frontalregion beim Feuerländer schmal, jedenfalls auch viel schmäler als beim Europäer ist, während die Breite des Oberkiefers diejenige des letzteren überwiegt. Schliesslich sei noch erwähnt, dass auch der Index fronto-zygomaticus einen präcisen Ausdruck für dieses Verhältniss giebt. Der gefundene Mittelwerth von = 76,4 (für die ♂ = 78,1, für die ♀ = 75,3), der mit den Angaben Mantegazza's und Regalia's ganz übereinstimmt, stellt die Feuerländer in die Nähe der Eskimo (♂ = 75,7; ♀ = 73,7) und entfernt sie weit von den Europäern (♂ = 91,7; ♀ = 90,7).

Die Höhe des ganzen Gesichts dagegen ist beträchtlicher, als man am Lebenden geschätzt hätte; es lassen bei diesem die Fettentwickelung auf den Jochbogen und die Haartracht das Gesicht breiter und kürzer erscheinen, als das Skelet es bedingt.

Es stimmt der Ganz- und Obergesichtsindex bei allen Autoren, die ihn in gleicher Weise (nach Kollmann) berechnet, fast ganz überein: ich lasse daher die diversen Mittelwerthe zusammengeordnet folgen:

Autoren	Ganzgesichtsindex			Obergesichtsindex		
	♂	♀	♂ + ♀	♂	♀	♂ + ♀
Garson	85,2	—	—	51,9	—	—
Sergi	84,0	84,0	84,0	50,0	49,0	49,5
Martin	85,5	83,9	84,5	50,3	51,4	50,8
Total	84,9	83,9	84,2	50,7	50,2	50,1

Demnach ist der Ganzgesichtsindex der Feuerländer ausgesprochen chamäprosop, während der Obergesichtsindex gerade auf der Grenze der Chamäprosopie und Leptoprosopie steht, so dass es wohl passend erscheint, den Vorschlag Garson's anzunehmen und die Feuerländer definitiv mesoprosop zu nennen.

Schliesslich verdient noch das relative Breitenverhältniss von Gesicht und Gehirnschädel unsere Aufmerksamkeit. Bei allen mir vorliegenden Feuerländerschädeln übertrifft der cerebrale Breitendurchmesser (grösste Schädelbreite) den facialen (Jochbreite), und zwar im Mittel um 5 mm (individuell 2 bis 7 mm). Es beträgt daher der Craniofacialindex im Mittel 96 (♂ = 97,9, ♀ = 95,5). Auch Mantegazza und Regalia, die übrigens einen etwas verschiedenen cerebralen Breitendurchmesser (zwischen den Cristae supramastoideae) annehmen[1]), konnten ein etwas höheres Mittel für die ♂ constatiren; in 4 von 11 Fällen, also in 36 Proc., war sogar der faciale Durchmesser grösser als der cerebrale, während bei allen ♀ das umgekehrte Verhältniss sich vorfand; auch Turner stellte zweimal ein leichtes Ueberwiegen der Gesichtsbreite fest, so dass für die Feuerländer die relativ grössere Cerebralbreite keineswegs als typisches Merkmal angesehen werden kann.

4. Norma occipitalis.

Durch die bereits erwähnte dachgiebelförmige Erhebung der Sagittalnaht und der starken Entwickelung der Parietaltubera bekommt die hintere Schädelansicht ihr typisches Gepräge. Die Hinterhauptsschuppe ist stark nach aussen gewölbt, die Protuberantia occipitalis externa kaum sichtbar; dagegen erheben sich seitlich von ihr an Stelle der Linea nuchae sup. zwei starke, aber kurze, wulstförmige Arcus semicirculares (Torus occipitalis transversus nach Garson; Ursprungsstelle des M. trapezius), die Virchow schon am Lebenden aufgefallen waren[2]).

Merkwürdig ist, dass bei zwei unter fünf Individuen ein wirkliches Interparietale vorkommt, indem die Sutura transversa squamae occipitis, welche die beiden Asterien verbinden und den gesammten häufig angelegten Theil der Schuppe von dem knorpelig präformirten Occipitale trennt, in allen ihren Theilen persistirt. Dass eine Verwechselung mit einem Worm'schen Knochen nicht besteht, möge die nebenstehende Abbildung zeigen; im Uebrigen befindet sich in dem Interparietale des einen Individuums selbst ein Schaltknochen.

In gleicher Weise wie aussen besteht die Sutura transversa auch an der Innenwand des Schädels, nur ist ihr Verlauf hier fast geradlinig und durchaus einfach der Form 1 des Broca'schen Schemas entsprechend. Auch Garson[3]) fand an einem Schädel seiner Collection (Nr. 1025 F.) den oberen Theil des Occipitale vom unteren getrennt und so ein einheitliches, grosses Os epactale bildend, während unter dem von Turner beschriebenen „triquetral bone" im oberen Winkel der Squama occipitis wohl kein Interparietale verstanden werden kann. Da die übrigen Autoren in keinem Falle ein Interparietale beschreiben und ich nicht annehmen kann, dass sie ein so wichtiges Merkmal übersehen haben[4]), so dürfte das Vorkommen dieser interessanten Hemmungsbildung nicht so häufig sein, wie aus meiner Serie hier hervorzugehen scheint; immerhin aber ist sie häufiger als beim Europäer, mindestens in 6 Proc., während für diesen Anutschin 0,4 Proc., Welcker (Deutsche) 0,2 bis 0,3 Proc. und Ranke (Bayern) 0,3 Proc. angeben.

Ossa Wormiana fand ich nur bei einem Individuum in der Gegend der Asterien, auch die anderen Autoren zählten nur vereinzelte Fälle und Marimo und Gambara[5]) geben ihr Vorkommen für die Feuerländer auf 6 Proc. an.

Fig. 1.

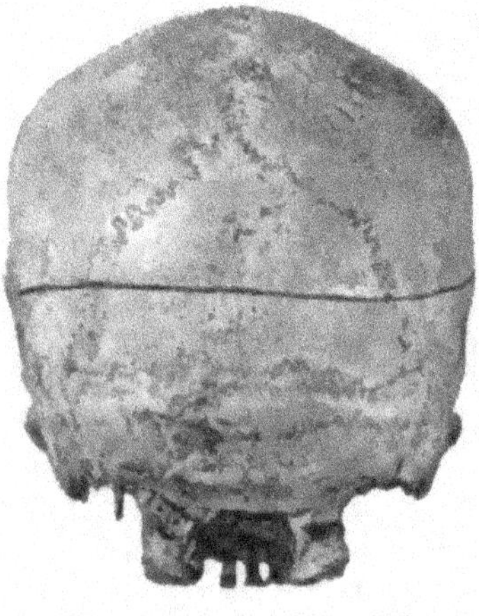

Schädel einer Feuerländerin (Gr.) mit Interparietale.

Hyades[6]) hat an einem seiner Individuen den relativ seltenen Fall zweier grosser endocranialer (endofrontaler) Worm'scher Knochen und an einem anderen ein sogen. „Os epiptericum" beschrieben. Letzteres fand auch Turner[7]) einmal.

5. Norma basilaris.

Das Foramen magnum ist schwach-oval, sein Index beträgt im Mittel = 85 (für die ♂ = 86, für die ♀ = 84,8), nach den Angaben Sergi's = 87, (♂ = 90, ♀ = 84). Die Condylen sind länglich, stark convex gewölbt und liegen besonders an ihrem frontalen Ende ziemlich hoch über dem Niveau des Foramen magnum. Die Processus mastoidei sind meistens niedrig, langgestreckt und weisen eine oder mehrere tiefe Furchen an ihrer medialen Seite auf.

---

[1]) Mantegazza und Regalia, Lit. 36, S. 47 u. ff.
[2]) Virchow, Lit. 57, S. 384.
[3]) Garson, Lit. 20, S. 153.
[4]) Sergi erwähnt ausdrücklich, dass ein solches in seiner Serie nicht vorkomme (Lit. 51, S. 49).
[5]) Archivio per Antropologia etc. XIX, 1889.
[6]) Hyades, Lit. 27, S. 32.
[7]) Turner, Lit. 54, Part 29, p. 20.

Sämmtliche Schädel besitzen starke und erhabene Processus paramastoidei und auch Huxley[1]) hat auf das Vorhandensein grosser und hervorragender „Paroccipital processes" besonders aufmerksam gemacht. Sergi hat eine sog. Paroccipitalapophyse nur an einem einzigen Schädel, bei dem gleichzeitig ein Condylus tertius besteht, gefunden.

Die Sutura basilaris ist bei allen fünf Individuen, obwohl einige von ihnen nur 18 bis 20 Jahre alt sein dürften, ganz obliterirt.

Die Form des Zahnbogens ist parabolisch und meistens langgezogen; der harte Gaumen ist reich modellirt und besitzt in drei Fällen einen starken Torus palatinus; seine Höhenentwickelung ist verschieden.

Der Gaumenindex, nach den Angaben E. Schmidt's bestimmt, beträgt im Mittel = 89,7 (♂ = 91,8, ♀ = 87,7), während Sergi 69,6 angiebt, eine Differenz, die auf einer Verschiedenheit der Technik beruhen muss. Genauer zu berechnen ist der sog. Palato-maxillar-Index (Flower[3]), der für die Feuerländer ein Mittel von 116,2 (♂ = 118,5, ♀ = 114,6) ergab; Garson hat ein Mittel von 114,4 verzeichnet: beide stehen demjenigen der Europäer (nach Turner ♂ = 116,2, ♀ = 115,6) sehr nahe, entfernen sich dagegen weit von den Eskimos (= 124), so dass wir die Feuerländer als leicht brachystaphylin oder brachyuranisch bezeichnen können[3]).

Der Unterkiefer der Feuerländer besitzt eine ähnliche Form, wie derjenige des Europäers, und ist sein aufsteigender Ast relativ kurz und breit. Die Linea obliqua ist kräftig erhoben und läuft ziemlich weit nach vorn. Der Körper ist zum Theil sehr niedrig, besonders verschmälert er sich bei den Frauen gegen den Ast zu, während er bei den Männern in seinem ganzen Verlaufe gleichmässiger hoch bleibt. Die Protuberantia mentalis ist wohlentwickelt.

Die Zähne[4]) sind gross und zeigen keine Spur von Caries. Bei allen, obwohl zum Theil noch jugendlichen Individuen ist der dritte Molar durchgebrochen und steht in den meisten Fällen, vor Allem im

Fig. 2.

Unterkiefer einer Feuerländerin (L.) von oben.

Unterkiefer, den beiden anderen an Grösse durchaus nicht nach. Hyades fand bei 48 lebenden Individuen den Weisheitszahn nur sechsmal fehlend. Am auffallendsten ist aber die ausgedehnte und einheitliche Abnutzung der ganzen Zahnreihen, wodurch fast sämmtliche Höcker und Furchen verschwunden, das Email abgeschliffen und die Substantia eburnea völlig frei gelegt ist. Die Zähne sehen dadurch, von der Seite betrachtet, wie abgeschnitten aus. Diese Usur erstreckt sich selbst bei der erst 18jährigen L. bereits auf die Weisheitszähne, so dass der Durchbruch dieser Zähne, die bei uns fast zu den regressiven Bildungen gehören, bei den Feuerländern sehr früh erfolgen muss.

Ferner ist die Form der Abnutzung zu beachten; die oberen Zahnflächen stehen nämlich nicht horizontal, sondern neigen sich bisweilen stark von unten nach oben und von aussen nach innen[5]), nur die unteren vier Incisiven besitzen eine ebene Oberfläche. Während nämlich beim Europäer die Schneidezähne des Unterkiefers sich hinter diejenigen des Oberkiefers legen, stossen die beiden Gruppen beim Feuerländer auf einander und haben sich daher gegenseitig horizontal abgeschliffen, wie die Prämolaren und Molaren. Einer derartigen Abnutzung der Zähne begegnet man häufig an Schädeln der neolithischen Periode und neigt zu der Erklärung, dass die Getreidekörner in Folge unzureichender Mahlvorrichtungen nicht in feines Pulver verwandelt werden konnten und daher den Zähnen ein beschwerliches Mahlgeschäft zufiel, das sie rasch abnutzen musste. Auch an californischen Schädeln konnte Manouvrier[6]) eine solche Abschleifung constatiren, die nach Mr. de Cessac durch die Anwesenheit einer grossen Quantität Sand in den Miesmuscheln, der Hauptnahrung jener Küstenbewohner, verursacht wird. Da ethnische Deformation ausgeschlossen ist, so wird man auch für die Feuerländer in erster Linie der schwer zu zerkleinernden Nahrung die Schuld an der starken Usur der Zähne zuschreiben müssen, wie dies auch Mantegazza gethan, aber es dürfte auf der anderen Seite auch das Email dieser Leute eine geringere Härte besitzen, als diejenige der Europäer, sonst könnte die vollständige Abtragung desselben kaum schon im jugendlichen Alter erfolgt sein[7]). Hyades

---

[1]) Huxley, Lit. 24, S. 268: Ich glaube, dass dieser Paroccipitalprocess identisch ist mit unserem Processus paramastoideus; da derselbe aber zur Insertion des M. rectus cap. lat. dient, so ist mir ein Satz Huxley's unverständlich: „. . . the paroccipital process, which, as the remains of cartilage, which tipped them shews, would have become considerably longer had the owner of the skull reached maturity".

[2]) Flower, Journal of the Anthropolog. Institute etc., Vol. X, p. 161.

[3]) Sergi's Mittel von nur 109,2 scheint durch eine Modification der Methode bedingt zu sein.

[4]) Vergl. auch: Hyades und Galippe, Observation sur le syst. dentaire des Fuégiens 1884.

[5]) Vergl. hierzu auch die Beschreibung des Londoner Schädels Nr. 5426. Lit. 41 u. 24, S. 266.

[6]) Manouvrier, Lit. 35, S. 764.

[7]) Dem steht allerdings eine Angabe Hyades' gegenüber, der die mittlere Dichtigkeit der Zähne der Feuerländer höher fand, als in unserer Rasse (Lit. 27, S. 139).

möchte auch in der Benutzung der Kiefer, Alles darin festzuklemmen, was mit den Händen verarbeitet wird, eine wesentliche Ursache der Abschleifung der Zähne erkennen und glaubt sogar, den frühen Durchbruch der dritten Molaren mit dieser Function in Zusammenhang bringen zu müssen(?)[1].

Der Dentalindex (nach Flower[2]) beträgt für die 3 ♀ im Mittel = 43,5 und stellt die Feuerländer daher mit den amerikanischen Indianern, Malayen und Chinesen zusammen in die mesodonte Gruppe, während der Europäer mikrodont ist. Der mittlere Index für die ♂ ist nur 40,8, jedoch einstweilen werthlos, da er nur aus zwei Einzelzahlen berechnet werden konnte.

Die beiden Zahnbogen sind sich nicht congruent: die obere Zahnreihe ragt vorn und besonders lateral im Gebiete der Prämolaren und des ersten Molaren um ein Beträchtliches über die untere hinaus, erst am dritten Molar greift das umgekehrte Verhältniss Platz. Das Ueberragen im Gebiete der Incisiven ist jedoch nicht dem bei den Europäern analog, sondern es ruhen die Schneideflächen auf einander auf, in ähnlicher Weise, wie Turner dies auch bei Australiern beschrieben[3]) und wie es für Anthropoiden, geschwänzte Affen, Pinnipedier, Carnivoren, Pferd etc. Regel ist.

Schliesslich noch einige Bemerkungen über den Schädel als Ganzes. Mantegazza und Regalia glauben drei Schädeltypen[4]) unterscheiden zu können: einen groben, einen mongoloiden und einen dritten unbenannten, nur durch einen Schädel vertretenen. Von den fünf Alakaluf hätte ich nur einen einzigen (C.) zu dem „tipo grossolano" zu rechnen.

Künstliche Deformationen sind nirgends zu bemerken.

Die Wände des Schädeldaches sind dünn (C. ausgenommen), die Diploe stellenweise sehr spärlich entwickelt. Am Schnittrande (ungefähr durch das obere Ende des Os temp. laufend) ist das Parietale durchschnittlich 2,5 bis 4 mm, der obere Schuppenrand des Temporale nur 1 mm dick. Im Gebiete der Scheitelhöcker beträgt der Dickendurchmesser des Craniums 8 mm.

Die Suturen, besonders Coronal- und Sagittalnaht, sind von einfacher Zahnung und zeigen die gleichen regionalen Differenzen, wie beim Europäer: am häufigsten finden sich die Formen 2, 3 und 4 des Broca'schen Schemas. Von Intermaxillar- oder Frontalnaht ist bei keinem Individuum mehr eine Spur erhalten. Die Seitenwandlöcher sind verschieden angeordnet, häufig bestehen deren vier. Nur gegen das untere Ende zu zeigt die Coronalnaht bei zwei Individuen Synostosen.

Von pathologischen Processen wäre zu erwähnen, dass bei G. die Nasenwurzel vermuthlich in Folge einer Periostitis zerstört ist. Die Nähte zwischen den Nasalia sind verwachsen und es besteht eine grosse Oeffnung, die mit Nasen- und Frontalhöhle communicirt. Bei Fr. C. ist der obere Arcus alveolaris rechts vom ersten Molar an nach hinten gänzlich zerstört und bei L. ist der harte Gaumen links an der Stelle der Sutura transversa nach der Nasenhöhle zu durchbohrt.

Ueber alle übrigen, nicht näher besprochenen Bildungen des Schädels giebt die Tabelle der Einzel- und Mittelwerthe (S. 60 u. 61) Aufschluss: die letzteren sind natürlich bei grosser, individueller Variation für weitere Schlüsse nicht verwendbar.

Technik:

Ich habe mich, wo nichts weiter angegeben ist, an das ausgearbeitete Schema der Frankfurter Verständigung gehalten und verweise auf die Publikation jener craniometrischen Vereinbarung im Archiv für Anthropologie 1884, Bd. XV, S. 1 bis 8, und bei E. Schmidt, „Anthropologische Methoden", Leipzig 1888, S. 320 und Anhang IV.

Nur die folgenden Maasse habe ich aus Gründen, auf die ich hier nicht eintreten kann, modificirt, oder, weil sie mir wichtig schienen, noch ausserdem in meine Tabellen aufgenommen (siehe S. 60 u. 61 dieser Arbeit), wobei ich mich meist an E. Schmidt angeschlossen habe.

Für die Nummern 2, 6, 15, 19, 24, 25, 27, 28 und 35 sind die Messpunkte im Terminus selbst eindeutig enthalten, so dass kein Zweifel über die Methode entstehen kann:

1. Welcker's Methode, vgl. Archiv f. Anthrop. XVI, S. 1 u. ff.
7. Nasion bis Bregma ⎫
8. Bregma „ Lambda ⎪
9. Lambda „ Opisthion⎬ Stahlbandmaass.
10. Nasion „ Opisthion⎭

11. Gewonnen durch Addition der Cranialcurvatur (Nr. 10) mit der Länge des Foramen magnum (Nr. 50) und der Schädelbasislänge (Nr. 16).

18. Vom äusseren Orbitalrande zur Mitte der Ohröffnung. Gleitzirkel (Hintere Gesichtslänge Schmidt's).

19. Von dem senkrecht über dem Gehöreingange auf der Jochbeinwurzel liegenden Punkte der einen Seite zu dem entsprechenden der anderen. Tasterzirkel.

30. Grösste Breite der Sutura coronalis, wo sie sich findet. Stangenzirkel.

[1]) Hyades, Lit. 27, S. 142.
[2]) Flower, Journ. of the Anthrop. Inst. etc., Vol. XIV, p. 184.
[3]) Turner, Journ. of Anatomy etc., Vol. XXV, p. 461.
[4]) Mantegazza, Lit. 38, S. 51.

31. Vom lateralen Rande der Sutura fronto-zygomatica der einen zum gleichen Punkte der anderen Seite. Tasterzirkel.

36. Von dem hintersten Punkte des äusseren Orbitalrandes (gewöhnlich 2 bis 4 mm unterhalb der Sutura fronto-zygomatica gelegen) der einen Seite zum entsprechenden der anderen. Gleitzirkel.

37. Die Verbindung der beiden Punkte des Maasses Nr. 36 über den tiefsten Punkt des Nasenrückens. Stahlbandmaass. (36 und 37 nach Thomas, Journ. of the Anthr. Inst. XIV, 333).

38. Grösste laterale Ausladung der Processus alveolares des Oberkiefers. Stangenzirkel.

39. Weite zwischen den Aussenrändern des Processus alveoraris des Oberkiefers über der Mitte des zweiten Molaren (nach Flower). Gleitzirkel.

40. Von demjenigen Punkte, an welchem die Sut. fronto-nasalis mit der Kante des Lacrymale zusammentrifft, auf der einen Seite zum entsprechenden der anderen. Gleitzirkel.

44. Von der Sutura fronto-nasalis zum Bregma. Gleitzirkel.

49. Vom unteren Rande des Foramen opticum bis zur Mitte des unteren Orbitalrandes. Messtäbchen.

53. Vom Alveolarpunkte zum Mittelpunkte einer geraden Linie (mittelst Cartonstreifen darzustellen), welche die Hinterränder der Alveolarfortsätze des Oberkiefers tangirt (nach Flower).

54. Von der Vorderfläche des Prämolar I bis zur Hinterfläche des Molar III. Gleitzirkel.

57. Breite des Pars basilaris occipitalis, da, wo die Ränder annähernd parallel verlaufen.

59. Grösste seitliche Ausladung der beiden Condylen. Stangenzirkel.

60. Grösste seitliche Ausladung der beiden Kieferwinkel. Stangenzirkel.

61. Vom unteren Alveolarpunkte zum Unterrande des Kinnes in der Sagittalen. Gleitzirkel.

62. Vom Winkel des Astes zur grössten Höhe der Condylen. Gleitzirkel.

63. Kleinste Breite senkrecht auf die Länge. Gleitzirkel.

64. Broca's Goniometre facial median oblique: Die Berührungspunkte sind Ophryon und Spina nasalis.

65. Broca's Goniomètre: Der untere Punkt ist der Alveolarpunkt.

66 bis 73. Nach Schmidt. Vergl. dessen Anthropologische Methoden, S. 191, 226 und 314.

Indices:

74. $\dfrac{\text{Grösste Schädelbreite (26)} \times 100}{\text{Grösste Schädellänge (13)}}$

75. $\dfrac{\text{Freie Schädelhöhe (21)} \times 100}{\text{Grösste Schädellänge (13)}}$

76. $\dfrac{\text{Grösste Schädelhöhe (21)} \times 100}{\text{Grösste Schädelbreite (26)}}$

77 u. 78. Nach Kollmann, vgl. Frankf. Verständigung.

79. $\dfrac{\text{Nasomalarlänge (37)} \times 100}{\text{Bimalarlänge (36)}}$ (nach Flower, Journ. of Anthr. Inst. X, p. 161).

80. $\dfrac{\text{Stephanienbreite (35)} \times 100}{\text{Jochbreite (32)}}$

81. $\dfrac{\text{Jochbreite (32)} \times 100}{\text{Grösste Schädelbreite (26)}}$

84. $\dfrac{\text{Gesichtstiefe (17)} \times 100}{\text{Schädelbasislänge (16)}}$

86. $\dfrac{\text{Maxillarbreite (39)} \times 100}{\text{Maxillarlänge (53)}}$

87. $\dfrac{\text{Molarlänge (54)} \times 100}{\text{Schädelbasislänge (16)}}$

88. $\dfrac{\text{Breite des Foramen magnum (51)} \times 100}{\text{Länge des Foramen magnum (50)}}$

II. Wirbelsäule.

Die Wirbelkörper der Halsregion sind niedrig; die Processus costarii sind stark ausgebildet und krümmen sich, fast spitz auslaufend, hakenförmig nach innen und oben. Sie sind bei den Feuerländern durch einen grösseren Zwischenraum von den Processus transvers. getrennt, als beim Europaer. Diese Processus transvers. sind kurz, reichen oft nicht einmal so weit lateralwärts, als die Articulationsflächen und sind direct nach aussen, weniger nach unten gerichtet. Das Foramen transversum hat einen relativ kleinen Durchmesser. Die Dornfortsätze sind kurz und gedrungen, was besonders am vierten auffällt. In Bezug auf ihre galselige Theilung verhalten sie sich anders, wie alle bis jetzt darauf hin untersuchten Halswirbelsäulen sog. niederer Rassen: sie stehen nämlich dem europäischen Typus am nächsten. Bei diesem findet die Theilung gewöhnlich nur am dritten bis fünften Dornfortsatz statt und fehlt an den höher und tiefer gelegenen Wirbeln. Für die fünf Alakaluf fand ich nun eine Ausdehnung dieser Bildung auch auf dem zweiten und sechsten Wirbel, und zwar in folgender Häufigkeit:

Der 2. Cervicalwirbel ist 4 mal gabelig getheilt, 1 mal leicht gegabelt, 0 mal einfach.
„ 3. „ „ „ 3 „ „ „ 2 „ „ „ 0 „ „
„ 4. „ „ „ 4 „ „ „ 1 „ „ „ 0 „ „
„ 5. „ „ „ 3 „ „ „ 1 „ „ „ 1 „ „
„ 6. „ „ „ 3 „ „ „ 0 „ „ „ 2 „ „

Die Gabelung vertheilt sich also fast gleichmässig auf den zweiten bis sechsten Dornfortsatz, was auch Hyades an seinen beiden Skeletten beobachten konnte[1]. Nur Sergi kam zu anderen Resultaten: er fand an 13 Skeletten die Bifurcation nur zweimal am vierten und sechsmal am fünften Dornfortsatz, doch scheint er nur die ganz typischen Fälle in seine Liste aufgenommen zu haben.

Stelle ich sämmtliche Daten für die Feuerländer zusammen so ergiebt sich folgende Tabelle:

Wirbelkörper	20 Feuerländer		
	totale Bifurcation	Bifurcation angedeutet	Bifurcation fehlt
1. Cervicalwirbel	1	—	19
2. „	6	1	13
3. „	5	2	13
4. „	17	1	2
5. „	12	1	7
6. „	4	—	16
7. „	—	2	18

Daneben stelle ich zum Vergleich zwei Tabellen Cunningham's[2], die das gleiche Verhalten bei 15 Europäern und 24 Vertretern sog. niederer Rassen (Australier, Tasmanier, Neger, Andamanen etc.) zur Anschauung bringen.

Wirbelkörper	Europäer: 15			Niedere Rassen: 24		
	totale Bifurcation	Bifurcation angedeutet	Bifurcation fehlt	totale Bifurcation	Bifurcation angedeutet	Bifurcation fehlt
2. Cervicalwirbel	15	—	—	18	5	1
3. „	10	3	2	3	6	15
4. „	9	4	2	2	7	15
5. „	9	5	1	3	10	11

Eine vergleichende Betrachtung der drei Tabellen führt zu dem Schluss, dass beim Feuerländer und Europäer als Regel der dritte, vierte und fünfte Dornfortsatz gabelig getheilt ist, während umgekehrt bei den anderen Rassen gerade diese Wirbelkörper einen einfachen Dornfortsatz besitzen. Dagegen ist der zweite Cervicalwirbel bei allen Varietäten (Sergi's Feuerländer ausgenommen) normal mit starker Bifurcation ausgestattet. Die Annahme vieler Autoren — ich nenne Owen[3], Hamy[4], Turner[5], Cunningham[6] —, dass die Dornfortsätze der Halswirbel bei den sog. niederen Rassen in der Regel nicht oder nur leicht getheilt sind, dass vor Allem der dritte und vierte Wirbel diese Eigenthümlichkeit am häufigsten zeigt[7], verliert durch die gerade in jener Region ausgesprochene Bifurcation bei unseren Feuerländern den Charakter der Ausschliesslichkeit.

Dass durch die gedrungene, kurze Form der Dornfortsätze, vor Allem des dritten und vierten, eine grössere Beweglichkeit der Halsregion ermöglicht wird, mag zugegeben werden; die Bifurcation jedoch dürfte mit

[1] Lit. 27, S. 52.
[2] Cunningham, Journal of Anatomy and Physiology, Vol. XX, p. 638 und 639.
[3] Owen, Osteological Contribution to the Nat. Hist. of the Chimpanzees etc., Nr. 5. Transact. Zool. Soc. London, Vol. IV, p. 97.
[4] Hamy, Étude sur un Squelette d'Aeta. Archives Nouvelles du Museum d'Hist. Nat. 2. sér., Vol. II, p. 192 und ff.
[5] Turner, Lit. 54, Part 47, p. 59.
[6] Cunningham, The neural spines etc., Journ. of Anatomy etc., Vol. XX, p. 637 und ff.
[7] Auch charakteristisch für den Chimpanse.

16   Dr. Rudolf Martin,

der Ausbildung der Musculatur (M. semispinalis cervicis und spinalis cervicis) im Zusammenhang stehen. Ueber die Curvatur der Hals- und auch der Brustwirbelsäule lässt sich leider nichts mehr mittheilen, da dieselben durch Eintrocknen und Schrumpfung der Intervertebralscheiben in verschiedener Weise ungleichmässig modificirt worden sind.

Die Wirbelkörper und besonders die Wirbelbogen der Dorsalregion sind beim Feuerländer etwas schmäler als beim Europäer. Letzteres lässt sich gut beurtheilen, wenn man die articulirte Wirbelsäule von hinten betrachtet: während die die unteren Gelenkpfannen tragenden Seitentheile der Bogen beim Europäer parallel verlaufende, ja selbst nach unten zu divergirende laterale Ränder zeigen, finde ich bei den Feuerländern diese Seitentheile nach unten verschmälert, so dass jene Ränder in der gleichen Richtung mehr oder weniger stark convergiren. Dadurch muss die Distanz zwischen den entsprechenden bilateral-symmetrischen Gelenkflächen eines und desselben Wirbels kleiner sein als beim Europäer. Auch die Processus transv. wenden sich etwas mehr nach aussen und hinten[1], so dass die Rinnen, welche von diesen und den Dornfortsätzen gebildet werden, vertiefter erscheinen, als wir es bei uns zu sehen gewohnt sind. Am zwölften Dorsalwirbel ist bei der Mehrzahl der Individuen der Processus transversus äusserst kurz, dagegen ein deutlicher Processus accessorius vorhanden.

Die Articulationsfacetten für die Rippenköpfchen sind in zwei Fällen bereits für die zehnte Rippe ausschliesslich auf einen Wirbel beschränkt, in den drei anderen findet dies erst für die elfte und zwölfte Rippe statt.

Auch die Lumbarregion zeigt einige Besonderheiten und verdient ihrer Curvatur wegen eine eingehendere Betrachtung.

Die Processus laterales sind an allen Lumbarwirbeln lang und stark ausgebildet, selbst schon am ersten, erreichen jedoch ihre grösste Länge am dritten. Sie sind, im Grossen und Ganzen, vor Allem an den beiden letzten Wirbeln etwas stärker nach oben gerichtet, als an Skeletten unserer Rasse. Ausserdem zeigen die Querfortsätze des fünften Lendenwirbels bei allen Individuen in höherem oder geringerem Grade beiderseits ein nach unten gerichtetes, zapfenförmig ausgezogenes und doch massives Tuberculum, so dass dieselben eine flügelähnliche Form annehmen. Diese Bildung findet sich ausnahmsweise auch beim Europäer.

Fig. 3.

V. Lumbarwirbel eines Feuerländers (H.) von hinten.

Auch an den Seitentheilen des Kreuzbeins erheben sich direct jenen Tubercula gegenüber zwei starke Kuppen, die den eigentlichen Querfortsätzen des ersten Sacralwirbels entsprechen dürften. Beide Hervorragungen sind in einigen Fällen nur durch einen Zwischenraum von 2 bis 3 mm getrennt und im Leben jedenfalls durch Bandmasse verbunden gewesen. Auch Hyades hat ähnliche Bildungen beschrieben; er fand an seinen beiden Skeletten die von mir oben besprochenen Höckerchen „qui vont dans le direction des pleurapophysss de la première vertèbre sacrée" (Lit. 27, p. 52). Auf der rechten Seite des weiblichen Skelettes fand sogar eine Verwachsung des Querfortsatzes mit dem Kreuzbeinflügel statt. Der gleiche Autor machte auch auf die wichtige Thatsache aufmerksam, dass Sören Hansen an seinen, in brasilianischen Höhlen gefundenen Menschenresten solche Fälle lumbo-sacraler Uebergangswirbel zahlreich vorgefunden hat. Auf die sehr wahrscheinliche Verwandtschaft dieser ausgestorbenen Rasse mit den heutigen Feuerländern habe ich am Schluss dieser Arbeit hingewiesen. Eine von Sergi beschriebene Deformität ist dagegen mehr pathologischer Natur. An dem fünften Lumbarwirbel eines ♂ Skelettes ist nämlich die ganze rechte und auch zum Theil die linke Hälfte des Neuralbogens reducirt, der Processus articularis nach hinten gebogen und dem entsprechend der Articulationsfortsatz des Sacrums nach vorn gekehrt und ebenfalls deformirt; vielleicht das Resultat einer in in früher Entwickelungsperiode eingetretenen Dislocation.

Die Processus mamillares sind gut entwickelt, jedoch nicht stärker als beim Europäer, dagegen zeigen die Processus accessorii, wenn auch in wechselnder Stärke, schon vom ersten Lumbarwirbel an eine gute Ausbildung. An den meisten Wirbeln sind sie spitz und erreichen eine Höhe bis zu 8 mm, an anderen sind sie flacher, bilden aber immer ein deutliches Tuberculum[2].

Auch die Processus spinosi sind im Verhältniss zu dem im Allgemeinen gracilen Knochenbau stark und besitzen an allen fünf Wirbeln fast die gleiche Grösse; jedoch zeigen der dritte und vierte meist die grösste Fläche, während der fünfte knorriger gebildet ist. Ueberhaupt sind die hinteren unteren Enden der Dornfortsätze der Lumbarregion verbreitert und massiv, ein Zeichen starker Muskelansätze.

[1] Gegenbauer (Lehrbuch der Anatomie, 2. Aufl., S. 138) behauptet, dass diese Rückwärtskrümmung beim Weibe mehr ausgeprägt sei als beim Manne.

[2] Hyades und Deniker (Lit. 27, S. 53) beschreiben ein gleiches Vorkommen am ersten und dritten Lumbarwirbel ihres ♂ Skelettes.

Zur physischen Anthropologie der Feuerländer.

Eine individuelle Bildung des fünften Lumbarwirbels bei C. verdient noch besondere Beachtung. Es ist nämlich derjenige Theil des Wirbelbogens, der den Processus spinosus und die beiden Processus articulares inferiores trägt, selbstständig entwickelt und nur durch Bindegewebe mit dem Körper verbunden.

Es ist gewiss merkwürdig, dass auch Sergi an einem seiner acht, mit vollständiger Lumbarwirbelsäule versehenen Skelette den ganz gleichen Fall vorfand, nur betraf die Bildung einen vierten Lumbarwirbel und

Fig. 4.

V. Lumbarwirbelkörper mit isolirtem Bogen-stück (C.).

waren an den Berührungsflächen der beiden Theile ziemlich glatte Articulationsfacetten vorhanden. Ebenso hat Turner[1]) an 5 von 31 untersuchten Rassenskeletten zum Theil gleiche, zum Theil ähnliche Hemmungsbildungen des fünften Lumbarwirbelbogens beobachten können. Es scheint daher, dass sich im Lumbarwirbelbogen zwei Paare von Ossificationscentren bilden, von denen das obere die Seitenfortsätze, die Processus articulares superiores, das untere dagegen die Dornfortsätze und die Processus articulares inferior aus sich hervorgehen lässt. Es soll einer weiteren Untersuchung vorbehalten bleiben, ob dieses Verhalten ein ausnahmsweises oder ein typisches darstellt, und ob dasselbe ausschliesslich auf die Lumbarwirbel beschränkt ist.

Ueber die Sacralwirbel siehe unter: „Becken".

Ich wende mich nun zu der Bestimmung der Lumbarcurve, soweit dieselbe aus den Wirbelkörpern allein, ohne Kenntniss der Dicke der Intervertebralscheiben ausgeführt werden kann. Ich bin überzeugt, dass eine solche Berechnung nur secundäre Bedeutung beanspruchen darf, aber es wird eben noch lange ein Desideratum bleiben, Gefrierdurchschnitte durch die Leichen fremder Rassen machen zu können.

Die Resultate meiner Untersuchung sind die folgenden:

Der erste Lumbarwirbelkörper war, mit einer Ausnahme, hinten etwas höher als vorn; in einem Falle waren beide Maasse gleich, nämlich 28 mm; der zweite Wirbelkörper war nur in zwei von fünf Fällen um je 1 mm hinten niedriger, während der dritte bei diesen beiden gleichen Individuen (Fr. C. und G.) ventral und dorsal die gleichen Maasse zeigte, dagegen in den drei übrigen Fällen hinten stets um 1 bis 2 mm höher war. Beim vierten Wirbel kehrt sich das Verhältniss um, denn hier überwiegt nur noch in einem Falle der hintere Verticaldurchmesser um 1 mm, und am fünften Wirbel sind sämmtliche Frontaldurchmesser grösser als die dorsalen. Die Differenz dieser beiden Maasse für den fünften Lumbarwirbel beträgt allerdings nur 1 bis 4 mm, im Mittel 2,4 mm, während das europäische Mittel 4.6 mm beträgt. Für die Australier fand Turner eine mittlere Differenz von 2 mm, eine Zahl, die sich eng an die für die Feuerländer gewonnene anschliesst. Diese letzteren bestätigen also die schon von Cunningham gemachte Beobachtung, dass der fünfte Lumbarwirbel bei niedrigen Menschenrassen nicht jene stark keilförmige Gestalt besitzt, die für die Europäer typisch ist.

Die Summe der vorderen Höhen sämmtlicher fünf Wirbelkörper war bei drei Individuen kleiner, als die entsprechende Summe der hinteren Maasse, so dass die ohne Zwischenscheiben an einander gereihten Wirbel in diesen Fällen eine leichte vordere Concavität zeigen müssten. Es beträgt das Mittel aus allen fünf Individuen vorn 134 mm, hinten 135 mm, also nur 1 mm Differenz, während der Europäer umgekehrt vorn 137 mm und hinten 131,4 mm, also eine Differenz nach der anderen Seite von 5,6 mm ergaben. Es besteht also hier ein beachtenswerther Unterschied, der noch deutlicher hervortritt, wenn ich nach dem Vorgange von Turner-Cunningham den verticalen Lumbarindex berechne; ein ansehnliches Material, das diese beiden Forscher bereits bearbeitet, erlaubt auch die Verhältnisse bei einigen anderen Rassen zum Vergleich beizuziehen.

Ich fand für die fünf Alakaluf einen mittleren Index für die ganze Lumbarregion von 101.2 (♂ = 103.8, ♀ = 98.7); Sergi dagegen erhielt für seine 5 ♂ eine etwas höhere Zahl, während die für die ♀ gefundene mit meinem Resultat fast zusammenfällt:

[1]) Turner, Lit. 54, Part 47, p. 63.

Verticaler Lumbarindex	♂		♀	
	Anzahl	Index	Anzahl	Index
Sergi	5	107.3	4	98.0
Hyades	1	104.9	1	95.6
Martin	2	103.8	3	98.7
Total	8	105.9	8	97.4

Die Differenz zwischen den beiden Geschlechtern ist also eine recht beträchtliche, im Mittel = 7.6, und zwar in dem Sinne, dass die vordere Höhe der ganzen Lumbarregion beim ♀ relativ zur hinteren grösser ist als beim ♂, d. h. ihre Lumbarcurve ist mehr convex, als diejenige des Mannes. Nach der Eintheilung Turner's würden die Feuerländer ♀ eben noch kurtorachisch, die ♂ dagegen koilorachisch sein; im Mittel müssen sie der orthorachischen Gruppe zugetheilt werden.

Es ist nun interessant zu sehen, dass alle übrigen Rassen eine Geschlechtsdifferenz in gleichem Sinne aufweisen, nur dass dieselbe beim Europäer nicht so gross ist: wiederum ein Beweis gegen die Behauptung, dass bei den sog. wilden Völkern die sexuellen Unterschiede mehr verwischt seien:

Lumbarindex	♂	♀	Differenz
Irländer[1]	96,2	93.5	2,7
Australier	110,1	103,1	7,0
Andamanen	106,3	102,4	3,9
Feuerländer	105,0	97,4	7,6

Vergleiche ich die mittleren Lumbarindices ohne Rücksicht auf das Geschlecht mit einander, so ergiebt sich, dass die Feuerländer eine Mittelstellung einnehmen zwischen Europäern und einer Reihe sog. niedriger Rassen:

Europäer[1] . . . .   95,8 (Turner 96)
Feuerländer 101.2
Andamanen   104,6
Neger   105,4
Buschmänner   106,6
Australier . . . .   107,6 (Turner 106)

Von dieser jungen Serie sind also einzig die Europäer kurtorachisch[2], alle übrigen Rassen koilorachisch und die Feuerländer, wie bereits erwähnt, orthorachisch.

Was die mittleren Indices für die einzelnen Lumbarwirbel anlangt, so nehmen dieselben vom ersten zum fünften in folgender Weise ab:

Beim Australier   von 119.8 (114.4)   bis 90,4 (91,4)
  „   Buschmann   „   115,9   —   „   95,3   —
  „   Feuerländer   „   106,6 (112,3)[3]   „   90,3 (83,8)
  „   Europäer   „   106,1 (106,8)   „   81,6 (83,6).

Ein Blick auf die diversen Indices der fünften Lumbarwirbel, die in der hinteren Colonne enthalten sind, beweist, was ich bei Besprechung der absoluten Maasse schon berührte, dass sie bei allen Rassen kurtorachisch, d. h. vorn als hinten sind, aber es besteht dennoch eine deutliche Rassendifferenz in dem Sinne, dass die beiden Oberflächen des Wirbelkörpers beim Europäer stark nach vorn convergiren, während sie dies beim Feuerländer und Australier in viel geringerem Grade thun und sich beim Buschmann fast zwei Parallelen nähern. Absolut parallel hat Thomson[4] die beiden Flächen bei einem Weddah von Ceylon (Index = 100) gefunden.

Im Folgenden stelle ich die einzelnen Mittelwerthe der fünf Alakaluf neben diejenigen, die Turner für Europäer und Australier gefunden:

[1] Nach Cunningham.
[2] Es scheint, dass auch die Chinesen in diese Kategorie gehören. Cf. Lit. 54, Part 47, p. 73.
[3] Mittelwerthe nach Sergi; es scheint eine kleine Differenz in der Technik zu bestehen.
[4] Thomson, On the Osteology of the Veddahs of Ceylon. Journ. of the Anthrop. Institute etc., Vol. XIX. p. 130.

Lumbarwirbel	12 Europäer	5 Feuerländer	5 Australier
I. Lumbarwirbel	106,8	106,6	114,4
II. „	101,5	106,7	112,3
III. „	95,4	104,0	108,0
IV. „	93,0	98,7	103,7
V. „	83,6	90,3	91,4

Diese Zusammenstellung scheint mir sehr instructiv: sie zeigt, dass beim Europäer eine continuirliche Abnahme des hinteren Durchmessers zu Gunsten des vorderen stattfindet und dass, auch was die Wirbelkörper allein anlangt, bereits der dritte eine starke Convexität zeigt. Beim Feuerländer dagegen beginnt diese letztere erst beim vierten Wirbel und hier noch in geringerem Grade; die drei obersten Wirbel zeigen nicht jene constante Abnahme nach unten [1]), sondern das hintere Höhenmaass überwiegt das vordere bedeutend, und zwar bei allen drei Wirbeln in fast gleichem Verhältniss. In diesem Verhalten tritt der orthorachische Charakter der Feuerländer-Lumbarwirbelsäule am deutlichsten zu Tage. Die hohen Werthe, welche die obersten drei Lumbarwirbel des Australiers zeigen [2]), geben einen klaren Ausdruck für die starke Koilorachie dieser Rasse; dem entsprechend findet zwar eine constante Reduction nach unten zu statt, aber die Dorsalkyphose setzt sich doch bis zum fünften Lumbarwirbel fort, an welchem dann erst die Curvenänderung eintritt.

Trotz alledem ist nun zwar nicht absolut ausgeschlossen, wenn auch höchst unwahrscheinlich, dass auch die Lumbarcurve des lebenden Feuerländers und selbst des Australiers (bei gleicher Körperhaltung) eine gleiche Convexität zeigt, wie diejenige des Europäers, aber dann ist immerhin bewiesen, dass die Intervertebralscheiben jener Rassen andere Dickenverhältnisse besitzen, als bei uns, und auch dieses Resultat wäre aus rassenanatomischen und entwickelungsgeschichtlichen Gründen gewiss beachtenswerth. Ich glaube jedoch nicht, dass dies der Fall ist, da die absoluten Grössenverhältnisse der einzelnen Lumbarwirbel, wie auch ihre Summe sich kaum von denjenigen des Europäers unterscheiden. Es kommt ausserdem meines Erachtens noch ein anderer Factor mit in Betracht und das ist die Stellung des Sacrums. Ich habe versucht, die Neigung der Oberfläche des ersten Sacralwirbelkörpers zur Horizontalen bei gegebener Beckenstellung (Spinae ant. sup. und Symphyse in einer Verticalen) zu berechnen [3]) und gefunden, dass dieselbe beim Europäer 49° und beim Feuerländer nur 33° beträgt, ja in einem individuellen Falle (II.) sogar auf 15° herabsinkt. Auf ein derartig geneigtes Kreuzbein wird sich die Lumbarwirbelsäule in wesentlich anderer Weise als bei uns aufbauen müssen, soll das Gleichgewicht des Oberkörpers gewahrt werden: es wird die Lumbarregion auf dem starke gestreckt oder mit nur leichter Convexität über dem Sacrum erheben. Eines bleibt an obiger Betrachtung allerdings noch unerwiesen, ob nämlich die Beckeneinstellung, die v. Meyer als typisch für den Europäer gefunden, auch auf die Feuerländer angewandt werden darf, aber es fehlen einstweilen alle nöthigen Beobachtungen, die am Lebenden gemacht werden müssen, um diese Frage entscheiden zu können.

Auf die principielle Bedeutung dieser Curvenvariation werde ich an anderer Stelle eingehen: es handelt sich ohne Zweifel um eine functionelle Anpassung, die durch das gewohnheitsmässige Hocken der Feuerländer hervorgerufen wird.

Schliesslich ist es noch wichtig, den Sagito-verticalen Lumbarindex zu berechnen, d. h. das Verhältniss kennen zu lernen, das zwischen Höhe und Tiefe des Wirbelkörpers besteht. Bekanntlich werden die Lumbarwirbelkörper von oben nach unten kürzer und breiter, während sie bei den meisten Quadrumanen lang und schmal sind. Auch in dieser Hinsicht verhalten sich die Menschenrassen verschieden und reihen sich die Zahlen, die ich für die Feuerländer gefunden, am nächsten an die für die Europäer berechneten an. Es hatten:

20 Andamanen einen Index von 86,8 [4])
 9 Australier   „   „   „ 84,0
 4 Neger   „   „   „ 82,9
 5 Feuerländer   „   „   „ 79,8
19 Europäer   „   „   „ 79,0
 5 Indier   „   „   „ 77,1 [5]).

Was die sexuelle Differenz betrifft, so fand ich das gegentheilige Verhalten von dem, was Cunningham constatiren konnte, nämlich einen grösseren Index bei den ♂ (82,7) als bei den ♀ (76,9); die Differenz beträgt 5,8, während der eben genannte Autor eine solche von 1,9 in umgekehrtem Sinne gefunden.

---

[1]) Bei Sergi's Mittelwerthen ist dies nicht der Fall, doch zeigt das von ihm zuletzt beschriebene Skelet (Lit. 51) deutlich dies Verhalten, indem die ersten drei Lumbarwirbel den gleichen Index (= 112) besitzen.
[2]) Cunningham hat noch höhere individuelle Werthe gefunden.
[3]) Vergl. „Becken" S. 38 dieser Arbeit.
[4]) Nach Cunningham, Journal of Anatomy etc. Vol. XXIV, p. 117.
[5]) Der Index für die Indier ist so niedrig, weil nur Männer gemessen wurden.

3*

Die Indexberechnung für die einzelnen Wirbelkörper zeigt, dass der erste Lumbarwirbel der drei Frauen das gleiche Grössenverhältniss besitzt, wie der zweite der Männer. Zur Erläuterung dieser typischen Reihen setze ich keine Mittelwerthe, sondern zwei individuelle Serien neben einander:

Lumbarwirbel	Sagito-verticaler Lumbarindex	
	M.	L.
I. Lumbarwirbel	96,2	92,8
II. „ . . . . früher . . .	92,8	89,6
III. „	80,0	80,6
IV. „	70,9	72,7
V. „	65,5	65,5

Technik.

1. **Vordere Höhe** = Höhe des Wirbelkörpers ohne die Zwischenscheiben, in der Mittellinie der ventralen Fläche gemessen.

2. **Hintere Höhe** in gleicher Weise an der Dorsalseite des Wirbelkörpers zu messen. Gleitzirkel.

3. **Verticaler Lumbarindex** $= \dfrac{\text{Hintere Höhe} \times 100}{\text{Vordere Höhe}}$

4. **Sagito-verticaler Lumbarindex** $= \dfrac{\text{Verticaler Durchmesser} \times 100}{\text{Sagittaler Durchmesser}}$

5. **Verticaler Durchmesser.** Von dem Mittelpunkte der oberen Wirbelkörperfläche zur Mitte der unteren.

6. **Sagittaler Durchmesser.** Vom Centrum der vorderen zu demjenigen der hinteren Fläche des Wirbelkörpers in der Medianlinie.

III. Brustbein und Rippen.

Der Thoracalindex, der gerade im vorliegenden Falle, wo schon am Lebenden der sehr gewölbte und tiefe Brustkorb[1] auffiel, von Bedeutung ist, beruht leider zum Theil auf Schätzung, da bei einigen Individuen durch Schrumpfung der Rippenknorpel das Sternum tief eingesunken ist. Ich war daher bemüht, den vorderen Messungspunkt[2] nach Analogie der gut erhaltenen Brustkörbe annähernd zu bestimmen. Die am Skelet berechneten Thoracalindices entsprechen natürlich dem Zustande der Exspiration und sind daher viel kleiner, als die am Lebenden gewonnenen.

Meine Messungen ergaben nun für die Feuerländer einen mittleren Index von ca. 86,5, während Hovelaque und Hervé[3] einen solchen für Europäer von 89,3 und für Neger von 80,6 angeben.

Auf der anderen Seite fand Weissgerber[4], der einen anderen Berechnungsmodus anwandte[5], dass bei Südamerikanern der Index unter 118 blieb, bei Negern diese Zahl dagegen überschritt. Wenn ich nun für die fünf Alakaluf diesen Index berechne, so ergiebt sich in der That 117, eine Uebereinstimmung, die ich bei der geringen Anzahl der Individuen nicht als endgültig bezeichnen möchte.

Uebergehend zu den Theilstücken des Thorax, wende ich mich zuerst zum Sternum, in dessen Corpus, mit einer Ausnahme, sich keine Spuren früherer Trennungslinien mehr nachweisen lassen. Für den Europäer gilt gemäss den Untersuchungen Dwight's[6], entgegen den Angaben der meisten Lehrbücher, dass bei Individuen im 20. Lebensjahre die einzelnen Theile des Sternalkörpers fast stets verwachsen sind, nur in ganz seltenen Fällen bleibt die eine oder andere Trennungslinie — meist die horizontale zwischen erstem und zweitem Ossificationspaar — noch kurze Zeit bestehen[7]. Bei den sog. niedrigen Rassen dagegen soll sich die Vereinigung der einzelnen Theile erst später vollziehen; dies bestätigt sich für die Feuerländer nicht[8]), da

---

[1]) Bridges nennt die Feuerländer „deep-chested".

[2]) Siehe Technik S. 22.

[3]) Hovelaque und Hervé: Précis d'Anthropologie, p. 284.

[4]) Weissgerber, De l'indice thoracique, Paris 1879.

[5]) Siehe Technik S. 22.

[6]) Dwight, Journal of Anat., Vol. XV, p. 327 and XXIV, p. 527.

[7]) Auch Strauch (Anatomische Untersuchung über das Brustbein des Menschen; Diss.; Dorpat 1881), der 20 Brustbeine Erwachsener (jedenfalls aus verschiedenen Lebensperioden) untersuchte, erwähnt keinen Fall von persistirender Synchondrose im Corpus sterni.

[8]) Auch bei einem jugendlichen Chinesen der hiesigen osteol. Sammlung, bei dem noch die meisten Epiphysen getrennt sind, finde ich den Sternalkörper bereits einheitlich.

von den fünf Individuen drei erst 18 bis 24 Jahre alt waren. In einem individuellen Falle (L.) finden sich allerdings nicht nur zwei Theile noch unverbunden, sondern es persistiren noch fünf deutlich von einander geschiedene Knochenstücke im Corpus sterni.

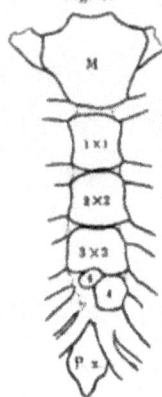

Fig. 5.

Den Zusammenhang der einzelnen Stücke mit bestimmten Knochenkernpaaren habe ich nach den Ansätzen der Rippenknorpel festzustellen gesucht und in der Abbildung durch Zahlen angegeben.

Diese Bildung ist selbstredend kein Rassenmerkmal, sondern eine in ihrer Ursache unbekannte Hemmungsbildung, ein Stehenbleiben auf einem Zustande, der beim Europäer nur bis zum zehnten Lebensjahre andauert. Broca[1]) hat unter allen, ihm in Paris zur Verfügung stehenden Skeletten nur zwei ähnliche Fälle — bei einem Hindu und einem Neger — gefunden und hält diese Bildung für ein pithecoides Merkmal.

Die Verbindungslinie von Manubrium und Corpus sterni besteht bei allen fünf Individuen, ebenso diejenige von Sternalkörper und Proc. ensiformis; letzterer zeigt nur in drei Fällen eine Verknöcherung, in den übrigen ist er knorpelig, im Ganzen klein und von variabler Form.

Was die sexuelle Differenz anlangt, so hatte Hyrtl behauptet, dass die Länge des Manubriums bei den ♀ weniger als zweimal in die Länge der Klinge gehe, während bei ♂ die Länge des Manubriums zweimal oder mehr in der Länge des Corpus sterni enthalten sei. Diese Angabe, die nach Dwight nur für die Mittelzahlen richtig ist, gilt auch für die Feuerländer nur in zwei Fällen. Im Allgemeinen ist der Sternalkörper etwas mehr als doppelt so lang als das Manubrium und im Ganzen ist das Brustbein bei den ♀ kleiner als bei den ♂, den in Form und Grösse sehr variablen Proc. ensiformis nicht mitgemessen:

Sternum einer Feuerländerin (L.).

Fig. 6.

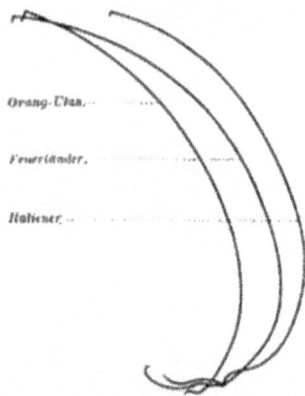

Orang-Utan.

Feuerländer.

Italiener.

Rippencurvatur beim Orang-Utan, Feuerländer und Italiener (nach Prof. Issel).

Rasse	Mittelwerthe des Brustbeines		
	Manubrium-länge	Corpus-länge	Ganze Länge
Feuerländer ♂ . . .	53,7	110,4	164,1
„ ♀ . . .	49,4	91,9	141,3
Europäer ♂ . . .	48,0	101,5	149,5
„ ♀ . . .	44,6	93,3	137,9

Aus dieser Zusammenstellung geht hervor, dass das Sternum der Feuerländer sowohl im Ganzen als in seinen Theilen bedeutend kleiner ist, als dasjenige der Europäer: eine Thatsache, die wohl ihre ausreichende Erklärung in der verschiedenen Körpergrösse beider Gruppen findet.

Die Rippen sind breit, besonders im Gebiete der siebenten bis zehnten, laufen gestreckter nach vorn und bilden daher einen flacheren Kreisbogen, als diejenige des Europäers; gleichzeitig bleibt ihr sternales Ende im Sinne des ganzen Rippenverlaufes gerichtet, so dass die vordere Fläche vertical steht und sich nicht mit ihrem Oberrande nach hinten neigt. Dies erweckt den Eindruck, als ob der Brustkorb nach vorn herausgetrieben sei und giebt ihm eine ganz typische Gestalt, auf die auch Sergi und Hyades aufmerksam gemacht haben. Durch den flacheren Verlauf der Rippen scheint ferner sowohl der hintere Winkel mehr ausgesprochen, als auch das sternale Ende mehr gegen die Medianlinie zu gekrümmt. Ich reproducire eine Zeichnung Prof. Issel's[2]), welche die siebente Rippe eines Feuerländers, eines Italieners und eines Orang-Utans über einander gezeichnet darstellt, die auch das Verhalten bei den Alakaluf gut illustrirt.

Während bei vier Individuen nur sieben wahre Rippen vorhanden sind, erreicht bei F. C. noch der Knorpel der achten Rippe rechts das Brustbein. Es dürfte diese Bildung, die sich stets fast nur auf der rechten Seite findet (nach Robinson beim Europäer in 29 Proc.) mit dem stärkeren Gebrauche der rechten oberen Extremität im Zusammenhange stehen[3]). Dieselbe ist allerdings für die Affen typisch und soll bei farbigen Rassen häufiger sein[4]), doch lässt sich über dies Vorkommen bei den Feuerländern nichts Näheres aussagen, da Sergi und Hyades keine Angaben darüber machen.

[1]) Bull. Soc. d'Anthrop. Paris, 3. Sér., Tom. I, p. 15.

[2]) Lit. 50, S. 57.

[3]) Cunningham, Journal of Anatomy etc., Vol. 24, 1889, p. 727.

[4]) Nature, Nov. 1, 1888.

Technik:

Thoracaltiefe. Vom untersten Endpunkte des Corpus sterni bis zum Proc. spinosus desjenigen Dorsalwirbels, der mit jenem in der gleichen Horizontalebene liegt. Tasterzirkel.

Thoracalbreite. Grösste seitliche Ausladung des entsprechenden Rippenpaares in der oben genannten Ebene gemessen. Tasterzirkel.

$$\text{Thoracalindex} = \frac{\text{Thoracaltiefe} \times 100}{\text{Thoracalbreite}}$$

$$\text{Thoracalindex (nach Weissgerber)} = \frac{\text{Thoracalbreite} \times 100}{\text{Thoracaltiefe}}$$

Länge des Manubriums. Grösste Länge in der Sagittalen. Gelenkzirkel.

Länge des Corpus sterni (Processus xifoideus ausgeschlossen). Grösste Länge in der Sagittallinie. Gelenkzirkel.

IV. Schultergürtel.

Scapula.

Ueberwiegend zeigt der obere Winkel des Schulterblattes statt der beim Europäer abgerundeten eine mehr spitze Form. Der vertebrale Rand (Basis scapulae) läuft vom Ursprung der Spina an ziemlich oder ganz in einer Geraden, während der obere theils stark eingebuchtet erscheint, theils leichter gekrümmt ist, als wir es bei uns gewöhnlich sehen. Diese tiefe Convexität, ja oft geradezu sichelförmige Bildung des Oberrandes hat auch Turner[1]) von vielen Vertretern farbiger Rassen beschrieben. Die Incisura scapulae ist scharf abgesetzt, nur bei L. geht der Oberrand unmerklich in dieselbe über.

Die Ursprungsfacetten für den M. teres maj. und min. sind gut ausgeprägt, erstere leicht vorgewölbt und platt, letztere langgestreckt, schmal und scharf abgegrenzt. Der Processus coracoideus ist kurz und nach vorn unten gekrümmt. Die Fossa glenoidalis scheint etwas mehr nach aussen und oben zu sehen, als beim Europäer, wodurch Acromion und die Extremitas acromialis claviculae höher zu stehen kommen, was in den geraden, hochgestellten Schultern am Lebenden auch zum Ausdruck kam.

Die allgemeinen Formverhältnisse der Scapula werden am besten aus den folgenden Tabellen ersichtlich; von einer Mittheilung der absoluten Maasse und ihrem Verhältniss zur Körpergrösse sehe ich ab, da die letztere an den Skeletten nur ungenau zu bestimmen ist. Im Ganzen ist die Scapula besonders bei den Frauen sehr klein, was mit der kleinen Statur der Individuen in Zusammenhang gebracht werden muss.

Scapularindex	Rechts	Links	Rechts und links	Individuelles Maximum		Individuelles Minimum	
				rechts	links	rechts	links
♂	65,85	63,95	64,90	87,54	—	—	63,83
♀	66,59	64,91	65,75	67,12	—	—	64,13
♂ und ♀	66,22	64,53	65,37	—	—	—	—

Auch Garson, Sergi und Hyades fanden Indices, die nur um Bruchtheile von den meinigen abweichen; sie betragen 65,3 resp. 64,5 (♂ 65,0, ♀ 64,0) und 65,43. Eine Zusammenstellung aller dieser Werthe ergiebt einen mittleren Index für die Feuerländer von 65,3; meine fünf Alakaluf allein ergaben 65,37. In diesen Berechnungen sind beide Geschlechter und die Scapulae beider Körperseiten zusammen addirt; die obige Tabelle zeigt jedoch, dass hier grosse Differenzen bestehen. Der Scapularindex ist einerseits beim Weibe stets höher, d. h. mehr dem anthropoiden Typus genähert, als beim Manne, und zwar rechts und links in gleichem Grade; andererseits überwiegt in beiden Geschlechtern stets der Index der rechten Körperhälfte denjenigen der linken. Dem entsprechend finden sich die individuellen Maxima nur rechts, die individuellen Minima dagegen ausschliesslich links. Nur Garson gab die sexuelle Differenz des Schulterblattes an, allerdings ohne Berücksichtigung der Körperseite; er fand einen mittleren Index für die ♂ von 64,3, für die ♀ von 66,2. Ich kann nicht unerwähnt lassen, dass Broca bei Europäern (Franzosen) und Negern eine geschlechtliche Verschiedenheit in umgekehrtem Sinne gefunden, als ich bei den Feuerländern, doch vermag ich nicht zu sagen, worauf dies beruht.

Was die Rassendifferenzen des Scapularindexes anlangt, so vereinige ich alle über die Feuerländer bekannten Daten und stelle sie mit einigen von Turner mitgetheilten Zahlen anderer Rassen zusammen:

---

[1]) Turner, Lit. 54, Part 47, p. 81.

Mittel aus:

28 Australiern	64,9
462 Europäern	65,3
36 Feuerländern	65,36
40 Peruanern	66,5
32 Polynesiern	66,6
ca. 100 Negern	69,7
27 Andamanen	70,2

Das Mittel für die Feuerländer steht also dicht neben demjenigen der Europäer, oder fällt vielmehr mit demselben ganz zusammen. Da die allgemeine Form der Scapula wohl in erster Linie durch die Muskelentwickelung bestimmt wird, so möchte ich auf diese Uebereinstimmung der höchst civilisirten und der, nach Ansicht der meisten Reisenden, am tiefsten stehenden Menschenrasse aufmerksam machen.

Folgendes sind die Mittelwerthe des Infraspinalindexes:

Infraspinal-index	Rechts	Links	Rechts und links	Individuelles Maximum		Individuelles Minimum	
				rechts	links	rechts	links
♂	96,34	91,83	94,08	98,14	—	—	90,75
♀	91,26	86,29	88,77	92,66	—	—	82,30
♂ und ♀	93,23	88,51	90,87	—	—	—	—

Auch hier zeigt sich wieder der auffallende Unterschied zwischen der rechten und linken Körperseite, und zwar gleichsinnig mit dem Scapularindex. Umgekehrt verhält es sich dagegen mit der sexuellen Differenz, indem der mittlere ♂ Index den ♀ um ein Bedeutendes übertrifft, d. h. die Fossa infraspinata ist bei dem ♀ relativ kleiner, als beim ♂. Broca fand ein gleiches Verhalten, nämlich: für Franzosen ♂ = 87,79, ♀ = 86,96; für Neger ♂ = 93,88, ♀ = 90,75.

In der Rassentabelle hat sich gegenüber dem Scapularindex die Stellung der Feuerländer etwas von den Europäern entfernt, den Peruanern angereiht, bleibt aber immerhin noch durch einen grossen Zwischenraum von Negern und Andamanen getrennt.

Infraspinalindex.

Europäer	87,8
Australier	88,5
Polynesier	88,4
Peruaner	89,6
Feuerländer	90,8
Andamanen	97,3
Neger	98,5

Bei wesentlich gleicher allgemeiner Form der Scapula ist es nur die starke Abwärtsneigung der Spina gegen den vertebralen Rand zu, wodurch der Infraspinalindex modificirt wird. Diese Spinastellung, die für die Anthropoiden charakteristisch ist, resultirt aus einer starken Entwickelung des M. infraspinatus und in Folge davon auf der Fossa, und scheint mit der Kletterfunction im Zusammenhange zu stehen, denn der M. supraspinatus ist Levator des Armes. Broca hat nachgewiesen, dass sich auch beim Neger der Verlauf der Spina bedeutend dem anthropoiden Typus nähert, während meine Untersuchungen für den Feuerländer eine dem Europäer ähnliche Form ergeben. Der etwas höhere Index wird eben durch eine um ein Geringes stärkere Neigung der Spina gegen den Vertebralrand hervorgerufen. Im Allgemeinen sind beim Infraspinalindex sowohl die bilateral symmetrischen und sexuellen, als auch die Rassendifferenzen grösser als beim Scapularindex.

Clavicula.

Das Schlüsselbein, das bei allen Rassen ziemlich individuelle Differenzen zeigt, ist bei den Feuerländern gut entwickelt, bei den ♀ trotz starker Muskelranhigkeiten zierlich geformt und bei C. ungewöhnlich massiv. Die Extremitas acromialis ist besonders bei letzterem sehr breit und abgeplattet; die Tuber. cost. und scap., sowie die Muskelansatzstellen sind zum Theil stark ausgeprägt. Die Gelenkfläche der Extremitas sternalis, die verdickt ist und die Incis. clav. stern. überragt, nähert sich meist der beim Europäer seltenen vierseitigen Form. Der mittlere Theil der Diaphyse ist nicht von unten nach oben abgeplattet, wie beim Europäer, sondern in Folge eines an der Unterseite sich entwickelnden Kammes eher von hinten nach vorn comprimirt, so dass das Durchschnittsbild dreiseitig mit der Spitze nach unten ausfällt. Bei C. scheint beiderseits Gelenkverbindung mit der ersten Rippe ausgeprägt bestanden zu haben.

Die Curvaturen sind typisch: die rechte Clavicula ist unbedeutend stärker gekrümmt, als die linke (was auch schon Portal behauptet). Ausser diesen Krümmungen, die nur leicht aus der Ebene abweichen, beobachtete ich an den Claviculae der Feuerländer eine Torsion des ganzen Knochens, die ich bei Europäern und anderen Rassen bis jetzt nicht in diesem Grade constatiren konnte. Dieselbe kommt am besten zum Ausdruck durch die gegenseitige Stellung der Längsaxen der beiden Extremitates. Während das sternale

Fig. 7.

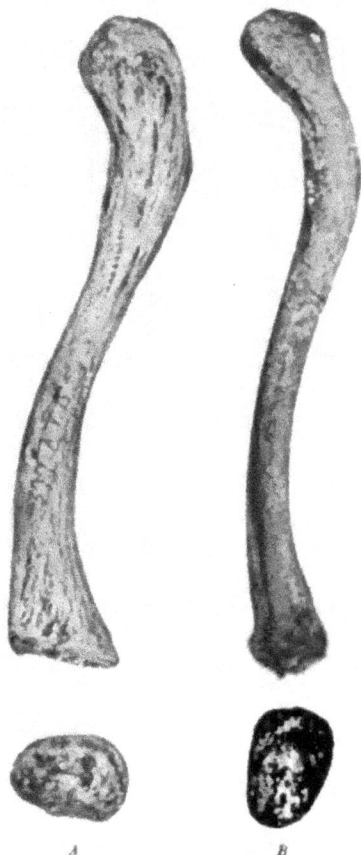

Ende des Europäers in seiner typischen Form oben abgeplattet und mit dieser Fläche nach vorn geneigt ist, wodurch der untere, spitzeste Winkel der Gelenkfläche nach hinten gewendet wird, so ist der Knochen beim Feuerländer gegen sein sternales Ende hin von vorn nach hinten abgeflacht und es entsteht auf diese Weise eine fast eiförmige Articulatio sternalis, deren Längsdurchmesser merklich vertical gerichtet ist. Ihr unteres Ende ist leicht zu bestimmen, da hier ein in der Mitte des Knochens entstehender, etwas abgerundeter Knochenkamm ausläuft. Diese Axe bildet nun mit dem Längsdurchmesser der Extremitas acromialis fast einen rechten Winkel. Auch beim Europäer finden sich verschiedenartig gestaltete sternale Articulationsflächen, aber selbst in den Fällen, in welchen der gewöhnliche triangulare Charakter einem länglichen Platz macht, konnte ich jene für den Feuerländer typische rechtwinkelige Kreuzung der beiden Axen nicht constatiren. Ich vermag leider an den schlecht montirten Skeletten nicht zu entscheiden, ob diese verschiedene Bildung der Clavicularenden die Folge einer relativ verschiedenen Stellung von Manubrium sterni zum Acromion ist.

Aus dem bereits erwähnten gracilen Bau der Clavicula, wie aus der, besonders bei den Frauen relativ geringen Ausbildung der Extremitas sterni und der Gelenkfläche lässt sich ein Schluss ziehen auf die geringe körperliche Beschäftigung der Individuen. Kennen wir auch die Berufsvarietäten des Schlüsselbeins noch nicht, so wissen wir doch, dass anstrengende Arbeit diesen Knochen mächtig entwickelt, weil er gleich einem Strebepfeiler zwischen Thoraxwand und Schultergelenk eingeschaltet ist und alle die Widerstände überwinden muss, die bei grösserer und intensiverer Beweglichkeit der vorderen Extremität in Wirkung treten.

Ferner möchte ich noch erwähnen, dass bei zwei Individuen beiderseits (H. und L.) lamellenartige Sternalepiphysen sich finden (auch auf der Abbildung zu sehen), die mit der Diaphyse nicht verwachsen sind. Während in den meisten anatomischen Lehrbüchern von einer solchen Bildung nichts erwähnt wird, spricht Pansch [1] bei der Entwickelung der Clavicula von einem Haupt- und einem Nebenkern, welch letzterer für die sternale Epiphyse bestimmt sei. Henle [2] dagegen lässt das Schlüsselbein sich aus nur einem Knochenpunkt entwickeln, zu dem im fünfzehnten bis achtzehnten Jahre eine Epiphyse tritt, die einige Jahre später mit dem Clavicularkörper verwächst. Es handelt sich also in den vorliegenden Fällen entweder um eine Entwickelungshemmung, oder diese Epiphysenbildung tritt

Claviculae einer Europäerin (A) und einer Feuerländerin (B) von oben, sowie deren sternale Gelenkflächen bei gleicher Orientirung.

bei den Feuerländern erst in etwas späterer Periode auf, oder erhält sich länger. Immerhin bleibt noch nachzuweisen, ob wir es in dieser Lamelle mit einer Verknöcherung der claviculären Zone (Ruge) oder mit einer secundären Bildung zu thun haben [3].

Ich wende mich nun zu den absoluten und relativen Grössenverhältnissen der Clavicula und stelle die Mittelwerthe in der folgenden Tabelle zusammen.

[1] Pansch, Grundriss der Anatomie. Berlin 1884, S. 104. — [2] Henle, Handbuch der Knochenlehre, 3. Aufl., S. 218; ebenso Langer-Toldt, Lehrbuch der syst. u. topograph. Anatomie, 4. Aufl. Wien 1890. — [3] Vergl. auch O. Hertwig, Lehrbuch der Entwickelungsgeschichte, 2. Aufl., S. 490.

Clavicula	Absolute Länge			Index
	rechts	links	rechts + links	rechts + links
♂	154,7	156,4	155,5	52,13
♀	139,1	139,1	139,1	48,68
♂ und ♀	146,9	147,7	147,3	50,40

Aus dieser Zusammenstellung geht hervor, dass die absolute Länge der Clavicula beim ♀ relativ kleiner ist als beim ♂, was mit den Angaben Broca's [1]) und Pasteau's [2]), die bei allen Rassen, von denen sie mehrere Skelette untersuchten (Europäer, Neger und Neukaledonier), das umgekehrte Verhältniss fanden, im Widerspruch steht. Aber auch Sergi und Hyades haben eine mit meinen Resultaten übereinstimmende sexuelle Differenz angegeben [3]), wenn auch die absoluten Werthe der ersteren weit tiefer sind (♂ = 139, ♀ = 136,5). Dieser geschlechtliche Unterschied ist übrigens für die fünf Alakaluf so gross, dass eine Berechnung von Mittelzahlen für beide Geschlechter zusammen unzulässig erscheint. Eine Differenz hinsichtlich der Länge zwischen den beiden Körperhälften bestand in drei Fällen zu Gunsten der linken Seite, in einem waren beide Knochen gleich lang, und nur ein Individuum (L.) zeigte das umgekehrte Verhalten. Auch Turner fand an 23 Skeletten verschiedener, farbiger Rassen die linke Clavicula bei 15 Individuen grösser als die rechte, und nur achtmal diese grösser als jene. Die absolute Länge der Clavicula des Feuerländers übertrifft aber nicht nur diejenige des Europäers (= 150 mm), sondern auch diejenige des Australiers (= 142 mm) und ganz besonders des Andamanen (= 119 mm), was für eine bei der kleinen Statur der Rasse um so mehr auffallende Breite des Schultergürtels spricht.

Aber nicht nur absolut, sondern auch im Verhältniss zur Länge des Humerus zeigen die Feuerländer diese ungewöhnliche Längenentwickelung der Clavicula:

Typus	Clavicula-hum.-Index	
	♂	♀
Europäer	44,32	45,04
Neger	45,89	47,40
Feuerländer	52,13	48,68

Selbst das individuelle Minimum (G. l.) bleibt noch über dem Mittel der Negerinnen, während das individuelle Maximum von 53.69 (C. l.) von keinem Vertreter irgend einer von Pasteau gemessenen Rassen auch nur annähernd erreicht wird. Auch bei dieser proportionalen Berechnung ist die linke Clavicula (in Procenten des gleichseitigen Humerus ausgedrückt) stets grösser als diejenige der rechten Seite.

Um die Rassendifferenz scharf zu präcisiren, wähle ich nach Broca's Vorgang noch eine andere Ausdrucksweise, indem ich die kleinste Clavicula, nämlich diejenige des Europäers, gleich 100 setze und die der anderen Rassen darin procentisch ausdrücke:

Europäer ♂ . . . . 44,32 = 100
„ ♀ . . . . 45,04 = 101,62
Neger ♂ . . . . 45,89 = 103,54
„ ♀ . . . . 47,40 = 106,94
Feuerländer ♂ . . . . 52,13 = 117,62
„ ♀ . . . . 48,68 = 109,83

Die Differenz, welche hier die Rassen von einander trennt, ist so gross, dass wir wohl zu dem Schluss berechtigt sind, in der Länge der Clavicula ein Rassenmerkmal zu besitzen.

Technik:

Scapula:

Ganze Länge: Diejenige Gerade, welche die äussersten Punkte des oberen und unteren Winkels mit einander verbindet. Maximaldistanz. Tasterzirkel.

---

[1]) Broca: Bull. de la Soc. d'Anthrop. de Paris, 1. Sér., Tom. III, p. 170.
[2]) Pasteau: Recherches sur les Proportions de la Clavicule. Paris 1879.
[3]) Turner giebt auch für die Engländer ein Mittel für die ♂ von 150 mm und für die ♀ von 140 mm an; doch erwähnt er nicht, aus wie grossen Reihen diese Zahlen gewonnen sind. Lit. 54, part. 47, p. 79.

4

Breite: Gerade, von der Mitte des unteren Randes der Cavitas glenoidalis bis zu jenem Punkte des vertebralen Randes zwischen der Endausbreitung der Spina, der in der geraden Fortsetzung der Basis spinae liegt.

$$\text{Scapular-Index} = \frac{\text{Breite} \times 100}{\text{Ganze Länge}}.$$

Infraspinal-Länge. Gerade Entfernung desjenigen Punktes am unteren Winkel, von dem aus die ganze Länge gemessen wurde, von dem Endpunkte des Breitenmasses am Vertebralrande.

$$\text{Infraspinal-Index} = \frac{\text{Breite} \times 100}{\text{Infraspinal-Länge}}.$$

Clavicula:

Länge der Clavicula: Maximaldistanz der beiden äussersten Punkte der beiden Enden des Knochens. Gleitzirkel mit parallel zum Knochen gehaltener Führungsschiene.

Länge des Humerus: Siehe S. 34.

$$\text{Claviculo-humeral-Index} = \frac{\text{Clavicular-Länge} \times 100}{\text{Humerus-Länge}}.$$

V. Obere Extremität.

1. Humerus.

Fig. 8.

Während als allgemeine Regel die Knochen der oberen Extremität bei den farbigen Rassen eine geringe Reliefentwickelung zeigen[1], finde ich den Humerus des Feuerländers mit ausserordentlich starken Muskelleisten ausgestattet. Am stärksten erhebt sich die Rauhigkeit für das Caput externum des M. triceps, das

Fig. 9.

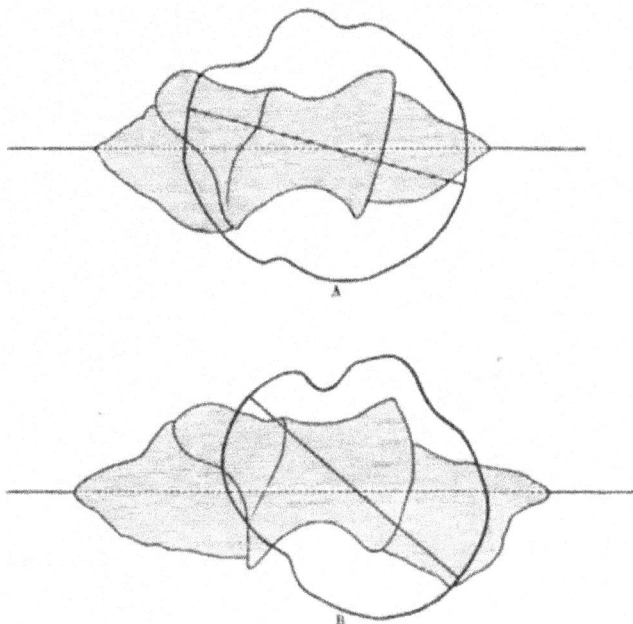

Linker Humerus einer Feuer-   Umrisszeichnungen der Humeralgelenke (rechts)[2]. A eines Schweizers,
länderin (L.) von hinten.   B einer Feuerländerin (L.).

[1] Turner, Lit. 54, Part 47, p. 89. Ausnahmen fand er bei Neuseeländern, Buschmann, Lappen und Eskimo. — [2] Die an den Seiten des unteren Gelenkes hervorragenden Zapfen sind die zur Befestigung der Axen dienenden Wachsballen.

bei den meisten Individuen einen hohen, oben rauhen und abgeflachten Kamm bildet, der durch seinen gekrümmten Verlauf von hinten oben nach vorn unten, parallel mit der ebenfalls deutlichen lateralen Kante (Angulus lateralis [Henle]) die Torsion des Knochens scharf hervortreten lässt. Dadurch wird der Sulcus radialis zur tiefen Furche, wie er sich wohl nie beim Europäer findet. Auch die Rauhigkeiten für die Insertion des M. pectoralis major und deltoides sind, wenn auch in verschiedenem Grade, stark ausgesprochen und selbst die Insertionsstelle des M. teres major bildet meist eine erhabene, mehr oder weniger breite, umschriebene Stelle, wodurch im oberen Drittel des Knochens ein tiefer Sulcus intertubercularis bedingt wird. Auf die besonders mächtige Ausbildung der Tuberositas deltoidea, sowie der übrigen Insertionsfacetten macht auch Hyades aufmerksam[1]). Das Haupternährungsloch liegt in verschiedenen Höhen, meist auf der Hinterseite des Knochens, nur in einem Falle etwas vor der medialen Kante. Bei H. allein ist die obere Epiphyse noch nicht ganz mit der Diaphyse verwachsen; es sind noch Spuren der Trennung unterhalb der Tubercula und vorn medial unter dem Gelenkkopf wahrzunehmen.

Es finden sich nun an den Humeri der Feuerländer eine Reihe charakteristischer Bildungen, bei deren Beschreibung ich leider nur auf mein eigenes Material angewiesen bin. In erster Linie betrachtete ich die sogen. Torsion des Knochens und verglich mit den Alakaluf 30, von mir selbst nach gleicher Methode berechnete Schweizerhumeri (aus der anatomischen Sammlung der Universität Zürich). Die vorstehenden Abbildungen sind mit dem Lucae'schen Apparat aufgenommene und auf einander projicirte geometrische Zeichnungen der beiden Gelenkflächen der Humeri einer Feuerländerin und eines Schweizers. Die Kreuzung der beiden Gelenkaxen giebt einen deutlichen Ausdruck der verschiedenen Torsion[2]).

Die folgende Tabelle enthält die Resultate dieser Untersuchung:

Feuerländer	rechts	links	rechts + links
♂	35,5° [3]) (144,5)	36° (146,0)	35,7° (144,3)
♀	37,6° (142,4)	35,3° (144,7)	36,5° (143,5)
♂ und ♀	36,5 (143,5)	35,5° (144,5)	36,1° (143,9)
Schweizer			
♂ und ♀	20° (160)	18,7° (161,3)	19,3° (160,7)

Es geht aus dieser Zusammenstellung hervor, dass in der That ein beträchtlicher Unterschied besteht hinsichtlich der Torsion zwischen den beiden verglichenen Typen. Die individuelle Schwankung bei den Feuerländern beträgt = 10° (von 31 bis 41°), diejenige der Schweizer dagegen = 25° (von 7 bis 32°). Wohl besteht ein Uebergang von der einen zur anderen Reihe, aber die nebenstehende graphische Darstellung, in welcher die Anzahl der Fälle in der Horizontalen und die Winkelgrade in der Verticalen angeordnet sind, lässt auf den ersten Blick doch den wesentlichen Unterschied erkennen.

Das Mittel für die Schweizer beträgt = 19° (= 161° nach Broca); dagegen für die Feuerländer = 36° (= 144°).

Die Zahlentabelle zeigt ferner, dass eine Differenz besteht zwischen der rechten und linken Körperseite, indem in beiden Fällen der Winkel der letzteren grösser ist. Broca hat bereits darauf hingewiesen, dass beim Neugeborenen (Europäer) eine grössere Torsion links (= 135,83°; rechts = 128,63°) besteht, und dass auch ein gleiches Verhalten bei den Anthropoiden und, wie es scheint, durch die ganze Reihe der Säuger hindurch vorkommt.

Was die Geschlechtsdifferenzen anlangt, so ergaben die Mittelwerthe, dass die Torsion beim Weibe etwas geringer ist, als beim Manne, betrachtet man jedoch die beiden Körperseiten getrennt, so findet man, dass links der ersteren eine grössere Torsion aufweist, als der letztere.

[ ] Schweizer

■ Feuerländer

---

[1]) Hyades, Lit. 27, S. 57.

[2]) Vergl. auch Technik S. 30.

[3]) Die obere Zahl giebt nach Lucae's Verfahren den Complementärwinkel, der für die Berechnungen der kleinen Zahlen wegen vorzuziehen ist; richtiger ist der (eingeklammerte) Broca'sche Winkel, der einen directen Ausdruck des Verhältnisses giebt. Für die Schweizer war das Geschlecht nicht mit Sicherheit anzugeben.

4 *

Zur Rassenvergleichung stelle ich meine Zahlen mit einigen Mittelwerthen Broca's [1] zusammen, muss aber hervorheben, dass ich in meiner Technik etwas von diesem Autor abweiche:

Typus	Torsion	Typus	Torsion
Franzosen	164°	Chinesen	146,87°
Andere Europäer	161,36°	Neger	144°
Schweizer	161°	Polynesier	144°
Alte Pariser (St. Germain)	155,94°	Feuerländer	144°
Franzosen Neolith. Periode	152,32°	Bewohner der Canaren	141,18°
Californier	151,58°	Melanesier	139,07°
Peruaner	150,46°	Alte Aegypter	136,42°

Leider fehlen, ausser Californiern und Peruanern alle übrigen amerikanischen Typen, so dass ich mich nur zu dem einzigen Schluss für berechtigt halte, dass die Humerustorsion bei den Feuerländern in gleicher Weise, wie bei den meisten farbigen Rassen, eine weit geringere ist als beim Europäer.

Ich habe auch versucht, zu prüfen, ob eine Beziehung besteht zwischen Torsion und Körpergrösse resp. der Länge des Humerus. Die Feuerländer, die von kleinerer Statur sind als die Schweizer und deren Humerus auch absolut kürzer ist, zeigen, wie bereits erwähnt, die geringere Torsion; innerhalb des gleichen Typus aber kehrt sich das Verhältniss gerade um: hier gilt im Grossen und Ganzen das Gesetz: Je kürzer der Humerus, um so grösser der Torsionswinkel. Dieser Unterschied ist ausserdem (für die Feuerländer wenigstens) identisch mit einem sexuellen, da alle Humeri von 27 bis 29 cm Länge weiblich und jene von 29 bis 31 cm Länge (mit einer Ausnahme) männlich sind.

Die folgende Tabelle soll dieses proportionale Verhältniss von Torsion zur Länge des Oberarmknochens deutlich machen.

Länge	Feuerländer		Schweizer	
	Anzahl	Torsionsgrad	Anzahl	Torsionsgrad
27 bis 28 cm	1	142° [2]		
28 „ 29 „	4	145°		
29 „ 30 „	2	144°	2	167°
30 „ 31 „	3	143°	5	146°
31 „ 32 „			12	159°
32 „ 33 „			5	158°
33 „ 34 „			4	160°
34 „ 35 „			2	150°

Man sollte glauben, dass die vom Europäer so verschiedene Richtung der Gelenkaxen des Oberarms auch am Lebenden hätte auffallen müssen. Bringt man nämlich die obere Extremität des Feuerländers in die für den Europäer typische Ruhelage, wobei die Ellenbogengelenkaxe ungefähr die Mitte hält zwischen der transversalen und sagittalen Richtung und die Tangenten der Handrücken sich vor dem Körper schneiden, so schaut der Gelenkkopf ganz nach hinten. Ist diese Situation für den Feuerländer die normale, so muss der Stellung der Scapula oder mindestens deren Gelenkfläche eine andere sein als bei uns, oder aber die Ruhelage ist für dieselben eine etwas andere, indem die Ellenbogenaxe mehr transversal steht, was allerdings an der Hand nicht zum Ausschlag zu kommen braucht, da es durch eine stärkere Pronation des Unterarmes verwischt sein kann. Ob wir in der verschiedenen Stellung der beiden Gelenkenden des Humerus das Resultat einer wirklichen Torsion zu erblicken haben und welche Bedeutung dieser Bildung zukommt, werde ich in anderem Zusammenhange einer Prüfung unterziehen.

Ein anderes, nicht minder wichtiges Merkmal ist die Richtung der Ellenbogenaxe resp. der Gelenktangente, die dadurch ziffermässig festgestellt werden kann, dass wir den Winkel berechnen, den diese Linie mit der Diaphyse des Knochens bildet. Es beträgt dieser Winkel für die Feuerländer im Mittel = 83°, ohne C., der eine Ausnahmestellung einnimmt, sogar = 84.5°. Die individuellen Schwankungen (C. 77 und 78°) bewegen sich zwischen 83 und 87°. Die 30 Schweizer Humeri dagegen ergaben ein Mittel von 77°, andere

[1] Broca, posthume Arbeit; ed. von Manouvrier Rev. d'Anthrop., 2. Sér., IV, 577 u. ff.

[2] Diese abweichende Zahl kann unberücksichtigt bleiben, da nur ein einziger Knochen unter diese Rubrik fällt.

Autoren geben sogar nur 70° für die Kaukasier an, so dass ihre Trochleartangente um 13° resp. 20° von der Horizontalen abweicht, während diejenige der Feuerländer bei verticalem Humerus nur eine Abweichung von 7 resp. 5,5° zeigt, also fast senkrecht zur Längsaxe des Knochens steht. Da man nun geneigt ist, in dieser Schiefstellung der Trochleartangente eine progressive Bildung zu sehen, die beim menschlichen Fötus und den Anthropoiden in der That geringer zu sein scheint, so wird man nicht umhin können, in dieser Hinsicht dem Feuerländer eine inferiore Bildung zuzuschreiben.

Nebenstehende Abbildung lässt die besprochene Differenz zwischen den beiden Typen deutlich hervortreten; ferner zeigt sie die typische Auswärtskrümmung des ganzen Knochens beim Feuerländer, wodurch eine ziemlich starke Concavität gegen die Medianlinie zu gebildet wird [1]).

Fig. 10.

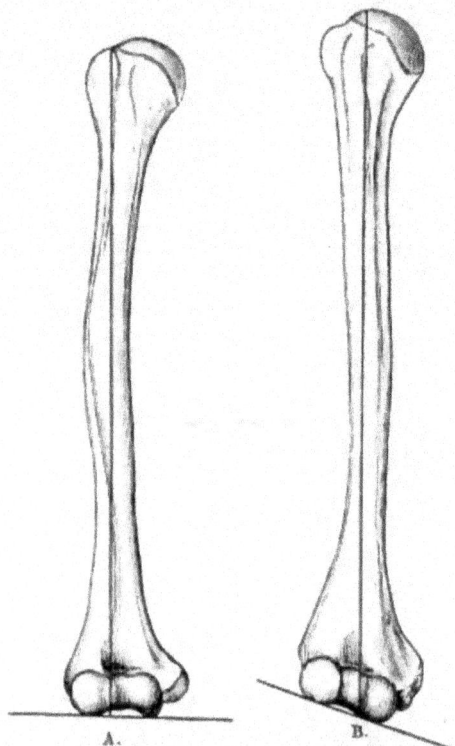

Rechter Humerus von vorn, A einer Feuerländerin (L.), B eines Europäers (nach Henle).

Ferner verdient die Stellung des Gelenkkopftangente noch einer kurzen Erwähnung. Legt man nämlich durch den Knorpelrand des Gelenkkopfes, der hinten einem sehr stumpfen Winkel, vorn mehr einer Geraden gleicht, eine Ebene, so bildet dieselbe bei verticaler Humeruslängsaxe beim Feuerländer einen mittleren Winkel von 54°. Die individuellen Schwankungen bewegen sich zwischen 49 und 59°. Henle hat für die Europäer einen Winkel von etwa 40° angegeben, allerdings ohne Erläuterung seiner Methode der Bestimmung; es ist also trotz der verschiedenen Schiefstellung der unteren Gelenkaxe die Richtung des Humeruskopfes bei den beiden Typen nicht wesentlich verschieden.

Die Fossa olecrani ist fast bei allen Individuen sehr vertieft, theilweise durchscheinend, in zwei Fällen besteht eine natürliche Perforation: der Transversaldurchmesser der Oeffnung beträgt 7 resp. 5 mm, der sagittale 4 resp. 3,5 mm, so dass die typische, ovale Form zu Stande kommt. Auch Sergi, Garson und Hyades haben je einen Fall beschrieben, so dass die Perforation unter 55 Humeri fünfmal oder in 11 Proc. beobachtet wurde. In allen Fällen bestand die Durchbohrung auf der linken Körperseite, viermal beim Weibe und einmal beim Manne.

Was die absolute Länge des Humerus anlangt, so stimmen meine Mittelwerthe im Wesentlichen mit denjenigen der anderen Autoren überein; ich fand für die ♂ Humeri ein Mittel von 300 mm, für die ♀ von 285 mm. Addire ich alle Messungen der verschiedenen Forscher, so ergiebt sich ein Mittel aus 29 ♂ Feuerländer-Humeri = 286,6 mm, und ein solches aus 25 ♀ = 285 mm [2]).

Bei keinem der untersuchten Individuen ist die ganze Länge des Humerus auf beiden Seiten gleich gross, stets ist der rechte länger und zwar bei meinen fünf Abkalaul im Mittel um 6,8 mm. Die oft empfohlene Methode, unter isolirten Knochen durch Zusammenstellung der gleich langen die individuell zusammengehörigen zu finden, muss also verworfen werden; man wird im Gegentheil jeweils den linken Humerus um mehrere Millimeter kleiner wälden müssen als den rechten, und die Zusammengehörigkeit weit eher an der stets übereinstimmenden Reliefbildung und dem ganzen Habitus erkennen.

Ein Processus supracondyloideus wurde in keinem Falle beobachtet.

2. Radius und Ulna.

Der Radius ist nicht stark gekrümmt, sein unteres Ende ziemlich schmal. Die Tuberositas radii bildet eine gut entwickelte Kuppe; das Spatium interosseum ist nicht grösser, als beim Europäer.

---

[1]) Auch von Sergi und Hyades beschrieben.
[2]) Aus den Einzelwerthen der Autoren gewonnene Mittel.

Die absolute Länge des Radius beträgt im Mittel für die ♂ = 240,5 mm, für die ♀ = 221 mm. Es macht sich aber eine auffallend grosse Differenz zwischen rechten und linken Knochen geltend, indem der erstere bei den ♂ um 9 mm, bei den ♀ um 4 mm den letzteren übertrifft. Addire ich sämmtliche[1] über die Feuerländer bekannten Daten, so ergiebt sich eine Radiallänge aus 23 ♂ Mittel = 239,5 mm; aus 24 ♀ = 217 mm.

Die Ulna ist relativ schwach. Die Ursprungslinie des M. pronator quadratus ist als starke Knochenkante entwickelt, während die Tuberositas ulnae ihrer typischen Ausbildung beim Europäer gleich kommt. Eine grössere Concavität des Processus coronoides besteht nicht, und auch die Krümmung des Knochens ist nicht mehr ausgesprochen, als wir es bei uns zu sehen gewohnt sind. Der Processus styloides ist relativ kurz. Bei II. besteht noch die untere Epiphysenfuge.

Entsprechend dem Radius ist auch bei der Ulna die absolute Länge auf der rechten Körperseite grösser als auf der linken, die geschlechtliche Differenz ist dagegen im Mittel etwas geringer. Die absolute Länge beträgt für die ♂ = 262 mm, für die ♀ = 242,3 mm. Alle Angaben vereint fand ich: Mittel aus 20 ♂ 258,1 mm, aus 22 ♀ 238,7 mm.

Was schliesslich das Handskelet anlangt, so ist dasselbe zierlich gebaut und besonders die Handwurzel ziemlich schmal. Die absolute Länge der ♂ Hand beträgt im Mittel = 179,7 mm, der ♀ = 164,5 mm, auch ist die linke Hand, allerdings nur unwesentlich, kleiner als die rechte.

Die absolute Länge von Humerus + Radius beträgt für die Feuerländer ♂ = 526 mm, für die ♀ = 502 mm; für die fünf Alakaluf allein = 540 resp. 506 mm.

Wichtiger als diese absoluten Grössen der einzelnen Bestandtheile der oberen Extremität ist die relative Länge von Ober- und Unterarm resp. von Humerus zu Radius, die in einem Radio-humeral-Index ihren Ausdruck findet. Die Summe der mir zur Verfügung stehenden Einzelwerthe genügt, soweit ich glaube, ein definitives Urtheil in dieser Frage abzugeben.

Die mittleren Indices, die ich fand, sind auffallend hohe und stellen die Feuerländer fast an das Ende der bereits bekannten Scala: es beträgt das Mittel für die ♂ = 80,6, für die ♀ 76,3. Demnach würden die ersteren in die dolichokerkische, die letzteren in die mesatikerkische Gruppe zu zählen sein, d. h. der Unterarm der Feuerländer ist im Verhältniss zum Oberarm bei Weitem länger, als beim Europäer.

Die geschlechtliche Differenz wurde auch bei allen anderen Rassen beobachtet, doch ist ihr Betrag nirgends so gross, als beim Feuerländer; es ist also nicht schlechthin gestattet, beide Geschlechter vereint zu behandeln, wie dies bisher meistens geschehen.

Typus	Radio-humeral-Index.	
	♂	♀
Europäer	72,5	72,4
Neucaledonier	76,0	75,8
Südamerikaner	77,4	74,4
Neger	79,0	78,3
Feuerländer	80,6[2]	76,3
Andamanen	81,5	79,7

Es ist zu bedauern, dass mir keine Daten über andere amerikanische Stämme zur Verfügung stehen, als die von Topinard ohne Angabe der Provenienz mitgetheilten südamerikanischen Indianer, die immerhin einen geringen Index zeigen. Das für die Feuerländer gefundene Verhältniss würde nach den Untersuchungen Hamy's[3] demjenigen entsprechen, das wir bei einem europäischen Fötus aus dem vierten bis fünften Monat finden, d. h. also einem Durchgangszustande oder Entwickelungsstadium der kaukasischen Rasse gleichkommen. Auch der Index des Gorilla bewegt sich nach Flower und Mivart innerhalb der Grenzen von 80 und 82.

Technik.

Humerus:

Torsion: Man bestimmt die obere und untere Gelenkaxe, erstere nach der von Gegenbaur angegebenen Methode (Jenaische Zeitschrift, Bd. IV, S. 59); als letztere wählt man die Drehaxe des Gelenks, die nach dem Augenmaass durch zwei von beiden Seiten in Wachsballen eingeführte Nadeln fixirt wird. Hierauf Zeichnen der beiden Gelenkenden mit ihren Axen mittelst des Lucae'schen Apparates bei vertical gestelltem

---

[1] Hyades' Tabelle ist insofern ungenau, als man nicht weiss, ob er jeweils nur den Radius einer Seite gemessen, oder ob seine Zahlen Mittelwerthe aus beiden sind; ich habe ersteren Fall angenommen.

[2] Dieser Werth ist das Mittel der Indices (20 ♂ und 24 ♀), die ich für beide Körperseiten aus den absoluten Zahlen der verschiedenen Autoren berechnet habe, nicht der Index der Mittelzahlen. Dieser letztere beträgt 83,5 resp. 76.

[3] Hamy, Revue d'Anthropologie, Vol. I, p. 87.

Humerus und dann Ineinanderzeichnen der gewonnenen Bilder nach Massgabe der beide Male angegebenen Nadelaxe des Drehgelenkes. Ablesen des Winkels.

Länge des Humerus: Maximallänge. Topinard's Messbrett.

Längsaxe: Man spannt einen schwarzen Faden in der Weise über den Knochen, dass er die Diaphyse in zwei gleiche seitliche Hälften theilt, zeichnet diese Linie nebst der Tangente an die untere Gelenkfläche (Stabnadel) mittelst des Zeichenapparates durch und liest den Winkel auf der Zeichnung ab.

Radius und Ulna:

Länge: Maximallänge. Messbrett.

Hand:

Länge: Vom proximalen Rande der Handwurzel zur Spitze des Mittelfingers. Gelenkzirkel.

$$\text{Radio-humeral-Index} = \frac{\text{Länge des Radius} \times 100}{\text{Länge des Humerus}}.$$

VI. Becken.

Das Becken zeigt, wie bei allen Menschenrassen, so auch beim Feuerländer in seinen absoluten und relativen Proportionen eine grosse Oscillationsbreite individueller Variation, zu der naturgemäss noch eine bedeutende sexuelle Verschiedenheit dieses wichtigen Skelettheiles hinzutritt. Dadurch wird es ungeheuer schwer, das Typische der Bildung zahlenmässig zu fixiren, und ich gebe daher die folgenden Daten nur mit dem Hinweise auf mein geringes Material. Die Einzelwerthe aller Autoren zusammenzuarbeiten, war in diesem Abschnitt bei der an sich schwer exact definirbaren und verschieden geübten Technik nur in einzelnen Fällen möglich. Ich habe daher meist nur die berechneten Mittelwerthe der Autoren neben die meinigen gestellt und hoffe, dass späterhin einmal das ganze Material von einer Hand wird verarbeitet werden können.

Betrachten wir zuerst die allgemeinen Formverhältnisse des Kreuzbeins. Seine Breite überwiegt bei vier meiner fünf Individuen beträchtlich die Länge, nur bei II., bei welchem ein sechster Wirbel mit ins Kreuzbein einbezogen ist [1], findet das umgekehrte Verhältniss statt. Der mittleren Breite der 3 ♀ von 125,6 mm steht eine mittlere Länge von 109 mm gegenüber, so dass man einen Sacralindex von 115,2 erhält; für die ♂ + ♀ Individuen beträgt er 110,9 oder mit Correctur (Ausschluss des sechsten Sacralwirbels bei II.) = 112,8.

Die übrigen Autoren geben folgende Sacralindices an:

Garson's Mittel aus . . . . . 4 ♂ = 109
Sergi's „ „ . . . . . 4 ♂ = 99; 8 ♀ = 110
Hyades' „ „ . . . . . 2 ♂ = 94,3; 2 ♀ = 108

Vereinige ich unter der oben erwähnten Reserve die Einzelwerthe aller vier Beobachter, so ergiebt sich:

Mittel aus	Sacrallänge	Sacralbreite	Sacralindex
13 ♂ Feuerländer	110,6	113	102,6
12 ♀ „	103	115	112

Bei dieser Zusammenstellung ist der weibliche, aber besonders der männliche Index viel niedriger, als nach meinen und Garson's Beobachtungen, allein wahrscheinlich nur eine Folge der verschiedenen Technik. Zur Uebersicht der Rassendifferenz gebe ich folgende Tabelle:

Typus	♂	♀	Autor
Europäer	112,4	114,8	Verneau
„	—	116,8	Garson
Feuerländer	102,6	112,0	Total
„	109,0	115,2	Garson und Martin
Neger	97,0	105,5	Verneau
Australier	98,5	102,5	Diverse nach Turner
Andamanen	94,0	106,0	Flower

---

[1] Auch am Sacrum von F. C. participiren sechs Wirbel.

In jedem Falle steht das Feuerländerbecken dem europäischen am nächsten und muss in die platy-hierische Gruppe eingereiht werden. Es trifft also gerade das Gegentheil von dem zu, was Hennig[1] be-hauptet hatte, dass nämlich das Kreuzbein der Feuerländerinnen in Folge seiner beträchtlichen Länge am meisten an thierische Verhältnisse erinnere.

Folgende Tabelle enthält die absoluten Maasse, sowie die nach Garson's Methode[2] berechneten In-dices, zusammen mit den von diesem Autor bearbeiteten Rassen (allerdings nur ♀ Individuen):

Typus	Sacrallänge		Sacralbreite	
	Absolutes Maass	Index	Absolutes Maass	Index
Feuerländer ♀	109	78,4	125,6	90,3
Europäer ♀	101	75,3	118,3	88,7
Australier ♀	91,4	77,1	104,6	89
Andamanen ♀	91,4	88,3	97	94,2

In den absoluten Maassen übertrifft das Feuerländerkreuzbein alle drei übrigen Rassen; seine individuellen Breiten zeigen die höchsten Werthe, die bei aussereuropäischen Stämmen überhaupt gefunden worden sind. Hinsichtlich des Indexes aber, d. h. in Proportion zum Transversaldurchmesser des Beckeneinganges, wird es, obwohl günstiger gestaltet, als das europäische und zum Theil auch als das australische, von dem Andamanen-becken übertroffen. Die grosse Breite des Sacrums beeinflusst in vortheilhaftem Sinne den Beckeneingang, daher finden wir im Zusammenhang mit Platykierie bei den Feuerländern auch Platypellie.

Ferner ist am Kreuzbein die flache Form seiner Vorderfläche auffallend, die mit der grossen Breite Hand in Hand geht. Der erste und zweite Kreuzbeinwirbelkörper bilden nicht, wie beim Europäer, eine gerade oder sogar leicht concave Fläche, sondern einen ziemlich deutlichen Winkel, dessen Scheitel nach vorn sieht. Es besteht also eine Knickung zwischen diesen beiden Wirbelkörpern und ich betrachte es als eine Folge dieser Thatsache, dass die Linea transversa stark nach vorn ragt und noch nicht vollständig geschlossen ist[3]. Die Facies auricularis ist grösser und gestreckter, indem jeweils der dritte Wirbel noch ganz daran participirt, was Verneau[4] bereits vom Becken der amerikanischen Rasse im Allgemeinen behauptet hatte.

Eine secundäre Breitenzunahme des Kreuzbeins ist nicht deutlich ausgebildet. Die Alae liegen bei drei Individuen ziemlich flach, fallen bei zweien (H. u. L.) aber äusserst stark nach unten ab.

Die dorsale Fläche des Sacrums zeigt vier deutliche Processus spinosi spurii, wodurch der Canalis sacralis weit hinab geschlossen wird und der Hiatus erst unten an der Grenze des vierten und fünften Wirbel-körpers beginnt. Bei H. ist der Processus spinosus getheilt, die beiden Knochenspangen, die ihn bilden, treffen nicht in der Medianlinie zusammen, sondern schieben sich an einander vorbei, wobei die linke über die rechte zu liegen kommt.

Das Steissbein, soviel aus den noch vorhandenen Theilen zu schliessen erlaubt ist, scheint stark nach vorn gekrümmt und so einen beträchtlichen Antheil an der Bildung des Beckenbodens zu nehmen.

Die Darmbeinschaufeln stehen ziemlich weit nach aussen; es beträgt die vordere obere Spinalweite absolut für die ♂ = 242 mm[5], für die ♀ = 228 mm und die Indices = 175 und 164. Die absoluten Werthe der Autoren sind:

Sergi ♂ = 222 (ohne ein jugendliches Individuum 237), ♀ = 229. Garson ♂ = 233. Hyades ♂ = 243[6].

Es beträgt zum Vergleich die vordere, obere Spinalweite

bei dem ♀ Europäer   absolut 231; Index 173
,, ,, ♀ Feuerländer ,, 228; ,, 164
,, ,, ♀ Australier   ,, 198; ,, 168
,, ,, ♀ Andamanen   ,, 172; ,, 167[7]

[1] Vergl. Hennig, Rassenbecken. Archiv für Anthropologie XVI, S. 161 u. ff. Es muss hier ein Irrthum vorliegen, da sich diese Angabe auf zwei von mir selbst untersuchte Individuen stützt.
[2] Garson, Journal of Anatomy etc., Vol. XVI, p. 106 und ff.
[3] Bei H. sind sämmtliche Lineae transversae noch nicht ganz geschlossen.
[4] Verneau, Le bassin. Paris 1875.
[5] Ich muss noch einmal bemerken, dass ich auf die Mittelwerthe des ♂, weil aus nur zwei Individuen mit ziemlicher Variation gewonnen, keinen Werth legen möchte. Für die ♂ sind in diesem Abschnitt wesentlich Werthe Sergi's und Garson's zu beachten. Die Vergleichstabellen beziehen sich immer nur auf die 5 ♀ Alakaluf.
[6] Die für Sergi angegebenen ♂ Mittelwerthe weichen etwas von denen ab, die der Autor selbst gegeben, indem ich ein junges Individuum aus der Rechnung ausschloss.
[7] Zum Vergleich habe ich immer die von Garson untersuchten Rassen beigezogen und bedaure, dass dieser Forscher nur ♀ Becken untersuchen konnte, da an diesen in Folge der specifischen Geschlechtsfunction die Rassenunterschiede nicht so scharf zu Tage treten, wie an den männlichen.

Hinsichtlich der absoluten Maasse steht das Becken der Feuerländerin also demjenigen der Europäerin am nächsten und wird nur übertroffen von demjenigen tagalischer Indierinnen [1], bei den meisten anderen Rassen sind die Spinae ant. sup. sich mehr genähert. Der Index für die Feuerländerinnen ist dagegen viel niedriger und sinkt sogar noch etwas unter den für die Andamanen gefundenen Werth herab.

Die absoluten Maasse für die grösste Beckenweite sind sehr gross, und das Feuerländer Mittel überschreitet dasjenige der Europäer, wenn auch bei diesen individuelle Werthe bisweilen weit übergreifen.

Feuerländer	absolut 278;	Index	200
Europäer	„ 271;	„	203,8
Australier	„ 240,6;	„	204,1
Andamanen	„ 207;	„	201,9

Sergi fand: Mittel aus 4 ♂ = 274; aus 8 ♀ = 257 (?); Garson aus 4 ♂ = 273; Hyades 1 ♂ = 269; meine beiden Alakaluf = 273. Eine ähnliche, bemerkenswerthe Weite des grossen Beckens hat Verneau bei der amerikanischen Rasse im Allgemeinen gefunden und schreibt sie der bedeutenden Neigung der Ilia zu [1]. Wir dürfen übrigens den Werth der absoluten Grössenverhältnisse neben den Indices nicht unterschätzen; unter Berücksichtigung der mittleren Körpergrösse der Rassen sind sie von grosser Wichtigkeit; werthvoll wäre es allerdings, den mittleren Kopfindex Neugeborener zu kennen. Das Feuerländerbecken zeigt, wie aus obiger Tabelle ersichtlich ist, trotz bedeutender Verschiedenheit der absoluten Grösse dennoch eine relative Uebereinstimmung mit der entsprechenden Form des Australier- und Andamanenbeckens. Das Maass der grössten Beckenweite verläuft bei den Feuerländern vor dem Promontorium, während es bei Europäern dieses schneidet und bei einigen braunen Rassen sogar dahinter liegt. Wird dasselbe mit der vorderen Spinalweite zusammengehalten, so giebt es einen sicheren Ausdruck für die absolute Weite des grossen Beckens und für die vordere Curve der Crista iliaca. Letztere ist im Mittel bei den 3 ♂ Alakaluf etwas stärker gebogen, wie bei den Europäerinnen, so dass die Spinae ant. sup. sich relativ näher liegen [3].

In anderer Weise hat Sergi die beiden Querdurchmesser in Beziehung gebracht, indem er einen Index ileo-pelvicus berechnete. Die aus den meinen und den Mittelwerthen der Autoren zusammengezogenen Indices zeigen ein constantes Verhalten und eine deutliche, sexuelle Differenz, nur das Mittel für die zwei Alakaluf ist etwas höher.

Index ileo-pelvicus nach Sergi	für die ♂ 45,0;	für die ♀ 50,0	
„ „ „ Hyades	„ ♂ 46,1;	„ ♀ 49,2	
„ „ „ Garson	„ ♂ 47,9;	„ ♀ —	
„ „ „ Martin	„ ♂ 49,4;	„ ♀ 50,0	

Die Beckenhöhe beträgt für die Feuerländer ♂ = 216 mm, ♀ = 200 mm, zeigt also eine bedeutende sexuelle Differenz. Sergi notirt ♂ = 202 mm, ♀ = 186 mm; Garson ♂ = 209 mm; Hyades 1 ♂ = 212 mm, 1 ♀ = 173 mm. Wie die nachfolgende Vergleichstabelle beweist, steht absolut das Feuerländerbecken hinsichtlich der Höhe dem europäischen am nächsten, im Verhältniss zum Transversaldurchmesser aber noch unter diesem:

Typus	Absolutes Maass	Index
Europäer	202	151,8
Feuerländer	200	144
Australier	184	155,9
Andamanen	167	162,1

Das Verhältniss von Beckenweite zu Beckenhöhe beträgt für die 3 ♀ Alakaluf 139, für die 4 ♂ Garson's 130,6, für 1 ♂ Hyades' 126,7 und für die Europäer 126,6. Berechne ich dagegen den sog. Breiten-Höhenindex des ganzen Beckens (Turner), so gelangt ich zu der niedrigen, gedrückten Form des Beckens deutlich zum Ausdruck. In der That erreichen die ♀ Feuerländer den niedrigsten bekannten Index, d. h. ihr Becken ist im Verhältniss zur Höhe auffallend breit:

Das Mittel für die	♀ Feuerländer ist	71,9	
„ „ „ „	♀ Europäer	„ 74	(Verneau), 75 (Garson)
„ „ „ „	♀ Australier	„ 76,6	
„ „ „ „	♀ Andamanen	„ 76	(Turner), 81 (Flower)
„ „ „ „	♀ Eskimo	„ 77.	

[1] Nach Schetelig. Vergl. Hennig, l. c. S. 165.

[2] Verneau, l. c. S. 111.

[3] Hennig giebt zwar für Frauen aus Leipzig eine Differenz zwischen Spinal- und Cristalweite von 60 bis 65 mm an.

5

Das Becken des ♂ ist verhältnissmässig weniger breit:

Es beträgt das Mittel aus ♂ Feuerländern = 77 (Garson u. Martin)
„   „   „   „   „   ♂ Europäern   = 79 (Verneau)
„   „   „   „   „   ♂ Australiern   = 77 (Turner)
„   „   „   „   „   ♂ Andamanen   = 82,7 (Flower)
„   „   „   „   „   ♂ Malayen   = 85 (Turner).

Die Breite des Darmbeines (Hennig) ergiebt für die fünf Alakaluf bei einheitlichen individuellen Maassen ein Mittel von 98,6 mm, für die ♀ allein von 97 mm; eine hohe Zahl, die wiederum derjenigen für Europäer (Deutsche etwas über 100) am nächsten steht. Hennig [1] giebt für Mongoloiden und Amerikanerinnen „80 bis 90 und darüber" an. Messen wir die maximale Breite des Darmbeines (Garson) an seiner lateralen Fläche, so zeigt die Tabelle wieder, wie sehr die Feuerländer in den absoluten Maassen sich den Europäern nähern, dagegen in den proportionalen unter diese herabsinken:

Typus	Absolutes Maass	Index
Europäer	157	118
Feuerländer	155	111,5
Australier	142	120,3
Andamanen	122,7	119,4

Sergi fand für seine ♂ = 152 mm, für die ♀ = 143 mm; Garson für die ♂ = 152 mm (Index 125,6), meine 2 ♂ = 154 [2]. Das rechte Ilium ist mit zwei Ausnahmen etwas länger als das linke.

Die Höhe des Ilium (die ich aus praktischen Gründen etwas anders gemessen als Garson) ergab für die Feuerländer im Allgemeinen 104,4 mm, für die ♀ allein = 104,6 mm; dagegen fand ich an der lateralen Fläche (nach Schmidt gemessen) 136 mm und 133 mm. Garson's Methode muss zwar annähernde Werthe ergeben, so dass es erlaubt ist, aus den beiderseitigen Resultaten den Schluss zu ziehen, dass bei der Feuerländerin die Darmbeinschaufeln im Allgemeinen niedriger sind, als bei der Europäerin. Ich setze die Tabelle der Vollständigkeit wegen her:

Typus	Absolutes Maass	Index
Europäer	124	93,4
Feuerländer	104,6	75,2
Australier	116	98,3
Andamanen	102,6	103

Einen Ausdruck für die Form des ganzen Hüftbeines giebt der Breiten-Höhenindex, der für die Feuerländerinnen identisch ist mit demjenigen, den Garson aus 33 Europäerinnen (= 77,57) berechnete. Die Darmbeinschaufeln zeigen deutlich eine durchscheinende und (nach kurzer Maceration) sogar durchbrochene Stelle, nur an dem sehr starken Becken von L. ist dies nicht der Fall. Die Excavatio der Fossa iliaca ist nach hinten gegen die Alae des Kreuzbeines zu gut ausgesprochen.

Wichtiger als diese Verhältnisse ist die hintere, obere Spinaldistanz, die zum Theil von der Sacralbreite abhängig ist und in Folge dessen eine sexuelle Differenz aufweisen muss. Sie beträgt für meine ♂ = 78,5 mm, für die ♀ = 92,3 mm; Sergi für die ♂ = 66 mm, für die ♀ = 76 mm; Garson ♂ = 77,8 mm; Hyades 1 ♂ = 62 mm, 1 ♀ = 75 mm [3].

Drücke ich dieses Maass nun, wie in den obigen Fällen, im Verhältniss zum Transversaldurchmesser aus, so zeigt sich, dass auch relativ das Feuerländerbecken sich günstig stellt, d. h. nach hinten zu im Verhältniss zu seiner Grösse resp. Breite weniger verengt wird, als das europäische. Die Spinae iliacae post. sup. sind bei den Feuerländern stark ausgebildet, bei L. und G. stellen sie breite Wülste dar.

Um einen genauen Ausdruck zu gewinnen für den Verlauf der Crista oss. il. und damit für die obere Umrandung des grossen Beckens, habe ich in der folgenden Tabelle die drei Transversaldurchmesser neben einander gestellt:

[1] Hennig, l. c. S. 176.
[2] Hennig giebt als Mittelwerth für die beiden Feuerländerinnen 129 an, was wiederum auf einem Irrthum beruhen muss, da das Maass bei keinem Individuum unter 147 herabsinkt.
[3] Dieses Maass ist sehr schwer eindeutig zu nehmen, daher die Differenz der Autoren.

Typus	Vordere Spinaldistanz	Beckenweite	Hintere Spinaldistanz	Index I	Index II	Index III
Europäer	231,5	271	84	173,8	203,8	63,1
Feuerländer	228	278	92,3	164	200	66,4
Australier	198,4	240,6	85	168	204,1	72
Andamanen	172,1	207,7	79	167	202	76,7

Es übertrifft also, absolut genommen, das Feuerländerbecken diejenigen der Vergleichsrassen an Grösse (nur das europäische ist im vorderen Abschnitt etwas weiter), relativ aber ist es vorn von allen am schmalsten, steht auch in der grössten Weite der Crista um ein Weniges zurück, ist jedoch hinten etwas breiter, wie dasjenige der Europäerin. Daher ist die Curve, welche die Crista ilei beschreibt, bei den verschiedenen Rassen eine verschiedene und, wie ich vermuthe, typische, auf die wohl zu achten ist; ist die grösste Beckenweite in der Mitte der Cristae als Trennungslinie angenommen, so zeigt sich, dass die Curve beim Europäer im Verhältniss zum Feuerländer in seiner vorderen Hälfte weniger gekrümmt ist, als im hinteren Abschnitt; die Cristae convergiren nach vorn wenig, dagegen nach hinten stark. Für die Becken der Feuerländer gilt, dass die Cristae nach vorn bedeutend convergiren, dagegen nach hinten wenig, so dass also bei beiden Typen gerade das umgekehrte Verhalten stattfindet. Diese vordere Verengerung hat Vernau[1] an anderen amerikanischen Stämmen nicht constatiren können, ausgenommen an Charrua, Bolivianern und Mexikanern.

Berechne ich den Abstand von Symphyse und Acetabularrand, so finde ich absolut und relativ beim Feuerländer eine gleiche Form, wie beim Europäer. Ich halte das Maass rassenanatomisch für wichtig, besonders im Verhältniss zum Transversaldurchmesser des Beckeneinganges:

Typus	Absolutes Maass	Index
Feuerländer	118	84,9
Europäer	117,3	88
Australier	106	89,8
Andamanen	95,8	93,2

Meine ♂ ergaben 114; Sergi's ♂ = 115, ♀ = 114; Garson's ♂ = 114.5. Sexuelle Unterschiede konnte ich nicht constatiren, auch variiren die individuellen Maasse unbedeutend, nur L. besitzt eine hohe Zahl (= 128), die wohl mit der ebenfalls grossen Conjugata vera (= 140) im Zusammenhange steht.

Als Höhe des kleinen Beckens (Maximalhöhe) finde ich bei den ♀ Feuerländern 131 mm und einen Index von 94,2, doch fehlen mir für dieses Maass die Vergleichsobjecte.

Die seitliche Kleinbeckenhöhe (von den verschiedenen Autoren leider sehr verschieden gemessen) ist, soweit ich meine Maasse mit denjenigen Garson's vergleichen kann, bei Europäern und Feuerländern sehr ähnlich; sie beträgt für erstere = 91,4 mm, für letztere = 92,8 mm. Meine ♂ ergaben = 99 mm, Sergi notirt = 98,7 resp. 88 mm und Garson 99,8 mm. Dieses Maass steigt proportional mit der Sacrallänge:

Typus	Kleinbeckenhöhe	Sacrallänge	Kleinbeckenhöhenindex	Sacrallängenindex
Feuerländer	92,8	109	66,7	78,4
Europäer	91,4	101	68,5	75,2
Australier	82,2	91,4	69,5	77,1
Andamanen	76,4	91,4	73,8	88,3

Aus dieser Tabelle geht hervor, dass trotz der absoluten Grösse der Feuerländermaasse die Beckencavität vorn im Ganzen doch noch etwas kleiner ist, als beim Europäer, doch übertrifft sie hinten in Folge der flachen Form des Kreuzbeines diejenige des letzteren. Eine genauere Darstellung dieses Verhältnisses würde man meines Erachtens erreichen, wenn man statt der Sacrallänge die von mir vorgeschlagene Maximalhöhe des kleinen Beckens zum Vergleich beizöge, weil dadurch die durch die Krümmung des Kreuzbeines variable hintere Höhe durch ein festes Maass ersetzt würde.

Zu den wichtigsten Beckenmaassen, nicht nur für den Geburtshelfer, sondern auch für den Anthropologen, gehören die Conjugata vera und transversa.

Folgendes ist die Tabelle der absoluten Maasse:

[1] Vernau l. c. p. 97 u. ff.

5*

Typus	Conjugata vera	Conjugata transversa
Feuerländer ♀	119	139
Europäer ♀	106,6	133
Australier ♀	108,6	118,2
Andamanen ♀	91,1	102,8

Es machen sich natürlich hier grosse sexuelle Unterschiede geltend; das Mittel aus den 2 ♂ Alakaluf beträgt nur = 108 mm resp. 125 mm bei grosser individueller Differenz hinsichtlich des ersten Maasses. Das weibliche Becken der Feuerländer übertrifft in seinen absoluten Maassen aber das Becken aller übrigen zum Vergleich beigezogenen Typen, steht unter diesen aber dem Europäer am nächsten. Die von den Autoren mitgetheilten Werthe sind allerdings etwas niedriger, als die für die Alakaluf gefundenen, nämlich:

Sergi ♂ C. v. = 104,5 mm; C. tr. = 124 mm; ♀ C. v. = 106 mm; C. tr. = 129 mm,
Garson ♂ . . . . 98 . . . . = 121,5 .
Hyades ♂ . . . 113 . . . = 125 . ♀ . . = 105 . . . . = 122 .

Die Normalconjugata beträgt für meine fünf Individuen ♂ = 114 mm, ♀ = 141 mm.

Besondere Aufmerksamkeit verdient der Index des Beckeneinganges; die für die Feuerländer gefundenen Werthe betragen: für die ♂ = 80,7 (Garson), 85 (Sergi), 90,4 (Hyades) und 86,7 (Martin); für die ♀ = 82 (Sergi), 86,6 (Hyades), 85,6 (Martin).

Dem gegenüber zeigen ♂ Europäer = 80 (Verneau), 81 (Flower), 77 (Turner); ♀ = 80 (Garson), 79 (Turner), 78 (Verneau), 81 (Navas); ferner ♂ Australier = 97 (Turner), 98 (Flower) und ♀ = 92,1 (Garson) und ♀ Andamanen = 96,2 (Garson).

Nach allen oben mitgetheilten Zahlen gehört das Feuerländerbecken (♂ und ♀) entschieden in die platypellische Gruppe, zusammen mit demjenigen des Europäers, obwohl es sich bereits etwas mehr der niedrigen Form der Mesatipellie zuneigt als dieses. Leider liegen über andere südamerikanische Stämme noch keine genügenden Beobachtungen vor; zu erwähnen wäre nur, dass Verneau für die ♀ Bewohner von Peru einen Index von 83 fand; die anderen oben erwähnten Rassen weichen bedeutend vom Feuerländer und auch vom Europäer ab und sind meist dolichopellisch.

Der schräge Durchmesser des Beckeneinganges wird bei den drei Alakaluf (im Mittel = 137 mm) zweimal vom Transversaldurchmesser übertroffen, in einem Falle sind sich beide gleich. Das absolute Maass ist wieder ziemlich hoch, denn es beträgt für ♀ Deutsche nur 126 mm (Hennig) und für Französinnen 131 mm (Verneau); auch bei diesen ist der Transversaldurchmesser etwas grösser als der schräge. Wir hätten also das Feuerländerbecken mehr zu den Pelves productae (vorn geräumige; Hennig), als zu den Pelves recessae zu rechnen, was nun so bemerkenswerther ist, als nach den Angaben verschiedener Autoren bei allen (oder doch wohl den meisten) aussereuropäischen Rassen das umgekehrte Verhältniss vorkommt.

An den Maassen des Beckenausganges ist vor Allem die grosse sexuelle Differenz zu erwähnen: es beträgt nämlich der antero-posteriore Durchmesser für die ♂ = 107 mm, für die ♀ = 132 mm; der transversale für die ♂ = 98 mm, für die ♀ = 98,7 mm. Die entsprechenden Werthe der Autoren lassen sich mit den meinigen nicht vergleichen, da die Technik ganz verschieden ist: so fand Garson für seine ♂ = 115,8 mm resp. 88,2 mm; Sergi für die ♂ = 118 mm resp. 90,8 mm und für die ♀ = 129 mm resp. 110 mm; ich berücksichtige im Folgenden daher nur meine eigenen Werthe.

Der Längsdurchmesser des Ausganges bei den drei ♀ Alakaluf zeigt die höchste Zahl, die ich in der Literatur finde (ausgenommen ein Eskimobecken mit 142 [Struthers, Hennig]) und glaube ich, dass diese grosse Länge etwas durch die flache Form des Kreuzbeines bedingt wird. Man vergleiche hierzu die folgende Tabelle:

Typus	Längsdurchmesser		Querdurchmesser	
	Absolutes Maass	Index	Absolutes Maass	Index
Feuerländer	132	95	119,3	85,8
Europäer	116	87	116	87
Australier	107,6	91	104,8	89
Andamanen	100,6	98	93	90

Der Querdurchmesser des Ausganges ergiebt eine relativ geringere Grösse, nämlich für die ♂ = 89 mm, für die ♀ = 98,7 mm. In die obige Tabelle sind zum Vergleich jedoch andere Maasse, die ich nach Garson's

1) Vgl. Hennig, l. c. S. 181 und 200.

Methode berechnet habe, aufgenommen, die wiederum unter allen Vergleichsrassen die höchste Stelle einnehmen. Dieses Maass betrug für die zwei ♂ im Mittel 95,5 mm. Hinsichtlich des Index steht das Feuerländerbecken im ersten Falle über dem europäischen, jedoch unter dem andamanischen, im letzten aber wird es von allen drei anderen Rassen übertroffen.

Bei der Wichtigkeit des Beckenausganges habe ich noch sowohl aus meinen, als aus Garson's absoluten Zahlen einen dem Eingange identischen Index berechnet:

Er beträgt für die Feuerländer ♀ 110,6
»   »   »   » Europäer ♀ 100
»   »   »   » Australier ♀ 102,6
»   »   »   » Andamanen ♀ 108,1

In diesen Zahlen kommt die typische Configuration des Ausganges am besten zum Ausdruck: wir sehen, dass bei den Feuerländern am meisten der Längsdurchmesser über den Transversaldurchmesser überwiegt, während beim Europäer beide gleich sind. Letzterer zeigt also eine rundliche, ersterer eine längsovale Form; Australier und Andamanen gruppiren sich in die Mitte zwischen diese beiden Extreme.

Vergleichen wir schliesslich noch Beckeneingang und -Ausgang mit einander, so ergiebt sich aus einer Zusammenstellung der diversen Maasse eine Reihe wichtiger Gesichtspunkte, die für die ganze Form des Beckens von Bedeutung sind:

Typus	Absolute Maasse				Indices					
	Eingang		Ausgang		Eingang			Ausgang		
	A. P. D.	T. D.	A. P. D.	T. D.	A. P. D.	T. D.	A. P. D. zu T. D.	A. P. D.	T. D.	A. P. D. zu T. D.
Feuerländer	119	139	132	119,3	85,6	100	85,6	95	85,8	110,6
Europäer	106,6	133	116	116	80	100	80	87	87	100
Australier	108,6	118,2	107,6	104,8	92	100	92,4	91	89	102,6
Andamanen	99	103	100,6	93	96	100	96,2	98	90	108,1

Eine Aehnlichkeit des Feuerländerbeckens mit dem europäischen besteht darin, dass der Längsdurchmesser des Einganges hinter demjenigen des Ausganges beträchtlich zurückbleibt, während dieselben bei den zwei übrigen Rassen fast gleich sind oder sogar in umgekehrtem Verhältniss stehen. Anders verhält es sich mit dem Transversaldurchmesser: derjenige des Ausganges überwiegt bei allen vier Rassen denjenigen des Einganges, jedoch in verschiedenem Grade, beim Feuerländer gerade doppelt so stark als beim Andamanen. Der Beckencylinder, der durch die Eingangs- und Ausgangsebene seine obere und untere Begrenzung erhält, hat also bei den verschiedenen Rassen eine wechselnde Gestalt. Das europäische Becken ist von allen oben am deutlichsten queroval, unten dagegen rund, so dass die seitlichen Wandungen des Cylinders stark nach unten abfallen. Oben ebenfalls, wenn auch in etwas geringerem Grade, queroval, hat das Feuerländerbecken einen längsovalen Ausgang (am meisten unter den vier Vergleichsrassen); die grössten Axen der beiden Ebenen stehen hier also senkrecht auf einander, so dass der Beckencylinder in ant.-post. Richtung sich nach unten erweitert, während er im transversalen Sinne sich abwärts trichterförmig verengt. Es scheint mir bemerkenswerth, dass Verneau[1]) bei einem Botokudenbecken, sowie bei allen Bolivianern das gleiche Verhältniss gefunden hat.

Beim Australier ist die obere Ebene in geringerem Grade queroval und die untere fast rundlich mit leichter Neigung zum Längsoval. Hier ist die Cylinderform des kleinen Beckenraumes also am deutlichsten ausgeprägt. Bei den Andamanen ist umgekehrt der Beckeneingang von beinahe rundlicher Form, d. h. nur schwach queroval, während der Ausgang mit seiner längsovalen Form dem Feuerländerbecken am nächsten steht.

Auf weitere Details, die aus der obigen Tabelle gewonnen werden können, will ich nicht mehr eingehen; es ist dringend zu wünschen, diese Rassendifferenzen am ♂ Becken der gleichen Typen controliren zu können, um zu sehen, ob es sich wirklich um durchgreifende Verschiedenheiten handelt. Wenn wir in Betracht ziehen, dass der grosse ant.-post. Durchmesser des Beckenausganges beim Feuerländer wesentlich durch die flache Form des Kreuzbeines bedingt wird, so kommen wir zu dem Resultate, dass die ganze Form des kleinen Beckens sich dem europäischen am meisten nähert.

Die Höhe der Symphyse steht in einem directen Verhältniss zur Sacrallänge, mithin zur Höhendimension des ganzen Beckens; sie beträgt für die ♂ 44 mm und für die ♀ 39,6 mm. Verneau[2]) giebt für Europäer ♂ = 43 mm, ♀ = 39 mm an, während eine grosse Reihe anderer Rassen (z. B. Neger, Andamanen, Oceanier) ziemlich unterhalb dieser Werthe bleiben.

[1]) Verneau, l. c. S. 102 und 107.
[2]) Verneau, l. c. Tableau synoptique etc. Nr. 32.

Die Breite der Symphyse zeigt die bekannten Geschlechtsdifferenzen; sie beträgt für die ♂ 44 mm, für die ♀ 53 mm. Die Differenz zwischen Höhe und Breite der Symphyse ist im Durchschnitt nicht so bedeutend (ca. 10 mm), wie bei den meisten Rassen (Andamanen 18 mm, Europäer 21 mm). II. zeigt ein Ueberwiegen des Längenmaasses um 5 mm: ein seltener Fall.

Auch der Angulus subpubicus erreicht bei den Feuerländern eine seltene Grösse, wodurch das Becken in seiner Vorderansicht sehr breit erscheint.

Er beträgt für ♀ Europäer   76° (Verneau 75°, Hennig 72°)
          „   „   ♀ Australier   78° (Verneau 80°)
          „   „   ♀ Andamanen   85°
          „   „   ♀ Feuerländer 88° (Sergi 81°).

Für die ♂ Feuerländer fand ich ein Mittel von 60,5°, Garson = 60,7°, Sergi = 59°, mit dem europäischen (58° Verneau) fast übereinstimmend.

Das Foramen obturatum ist bei den ♂ länger und schmäler, beim ♀ breiter und nimmt durch zwei an beiden Seiten einspringende kleine Spinae in grossen Zügen die Form einer 8 an. Sein vorderer, oberer Rand ist nicht so geschweift, wie beim europäischen Becken, sondern mehr gerade verlaufend und nach vorn unten ausgezogen. Da dies beim ♀ stärker ausgesprochen ist, so hat ihr Foramen obturatum einen mehr triangulären Charakter, als dasjenige des ♂. Dazu kommt noch die durch den grösseren Angulus pubicus bedingte Schiefstellung des Foramen obturatum.

Die Spinae ischiadicae sind kürzer, abgestumpfter und massiver, als bei der Mehrzahl europäischer Becken.

Als Maasse mehr untergeordneter Bedeutung füge ich noch bei:

Acetabulardurchmesser: Mittel für die ♂ = 118 mm, für die ♀ = 124 mm; Ischiumlänge für die ♀ allein = 136 mm; Pubislänge für die ♂ = 81 mm, für die ♀ = 88 mm. Das Tuberculum ileopectineum ist besonders bei den 2 ♀ stark ausgebildet.

Auf ein wichtiges Charakteristicum, die Bestimmung der Beckenneigungsebene, glaube ich an den schlecht montirten, mit geschrumpften Intervertebralscheiben versehenen Skeletten verzichten zu müssen. Einen Ersatz fand ich in der Berechnung der Neigung des oberen Sacralwirbelkörpers zur Horizontalen bei vertical eingestelltem Becken (Tuberculum pubicum und Spina ant. sup. in derselben Verticalen liegend). Dieser Neigungswinkel beträgt im Mittel für die 3 Individuen 33°, schwankt individuell bei sämmtlichen Individuen nur wenig, mit Ausnahme von II., die einen ausserordentlich niederen Winkel von nur 15° erreicht. Bei Europäerbecken fand ich bei gleichfalls geringer individueller Variation einen mittleren Neigungswinkel von 49°, so dass die Oberfläche des ersten Sacralwirbelkörpers beim Europäer also bedeutend mehr nach vorn geneigt ist, als beim Feuerländer. In wie weit dieser Winkel mit der Neigung der Eingangsebene correspondirt, ist schwer zu sagen, für den Europäer fallen beide Zahlen fast zusammen, so dass die Oberfläche des ersten Sacralwirbels annähernd in der gleichen Richtung liegt, wie die Eingangsebene. Für den Feuerländer scheint dies nicht der Fall zu sein; jene geringere Wirbelneigung spricht für eine geringere Neigung der Eingangsebene und für eine schwächere Lumbarcurve. Jedenfalls ist es zweifelhaft, ob auch beim lebenden Feuerländer bei aufrechter Haltung die Spinae ant. sup. und die Symphyse in einer Verticalen gelegen sind.

Wichtig, weil im Verhältniss zu der am Lebenden leicht zu beobachtenden Beckenbreite stehend, ist auch die Neigung der Darmbeinschaufeln, die im Wesentlichen die Grundgestalt des grossen Beckens bedingt. Dieselbe kommt besser als durch Winkelmessung in folgender Zusammenstellung zum Ausdruck:

Typus	Transversaldurchmesser d. Eingangs	Cristaldurchmesser	Differenz zwischen beiden	Iliumhöhe
Feuerländer	139	278	139	104,6
Europäer	133	271	138	124
Australier	118,2	240	122	116
Andamanen	102,8	207	105	102,6

Leider sind die Maasse nur annähernd vergleichbar, da Garson nach etwas anderer Methode gemessen. Diese Differenz abgerechnet, ergiebt sich aus der Tabelle, dass die Ilia des Feuerländerbeckens trotz annähernd gleichem Transversal- und Cristaldurchmesser doch bedeutend geneigter stehen, als beim Europäer, und zwar in Folge der verschiedenen Iliumhöhe. Dieses zeigt die umstehende geometrische Construction; die an ihr berechneten Winkelmaasse ergeben für die Feuerländer eine Neigung der Darmbeinschaufeln von 133°, für die Europäer von 126°.

Die Darmbeinschaufeln der beiden Manner stehen etwas steiler.

Fasse ich die hauptsächlichen Resultate der pelvimetrischen Untersuchung kurz zusammen, so ist der Feuerländer platypellisch und platyhierisch zu nennen. Das Kreuzbein ist abgeflacht; die absoluten Transversalmaasse erreichen relativ hohe Werthe, was besonders im Vergleich zur Beckenhöhe deutlich ist.

Die Darmbeinschaufeln stehen geneigt, die Cristae sind sich vorn ziemlich genähert, hinten zeigen sie eine relativ grössere Distanz. Der Beckenausgang hat eine längsovale Form. Die Geschlechtsdifferenzen sind gut

Fig. 11.

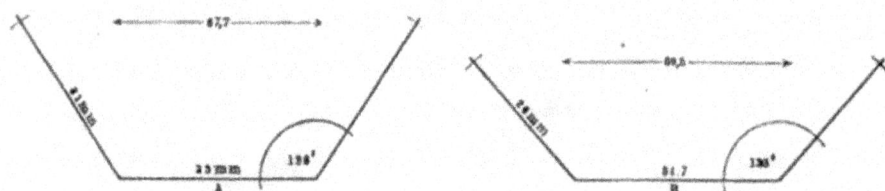

Schema der Darmneigung A beim Europäer, B beim Feuerländer. (¹/₄ nat. Grösse.)

ausgesprochen[1]). In vielen Verhältnissen nähert sich das Feuerländerbecken mehr dem europäischen, als demjenigen irgend eines anderen Typus. Im Vergleich zu letzterem ist es in Anbetracht der geringen Körpergrösse des Stammes grösser und geräumiger als das europäische.

Fig. 12.

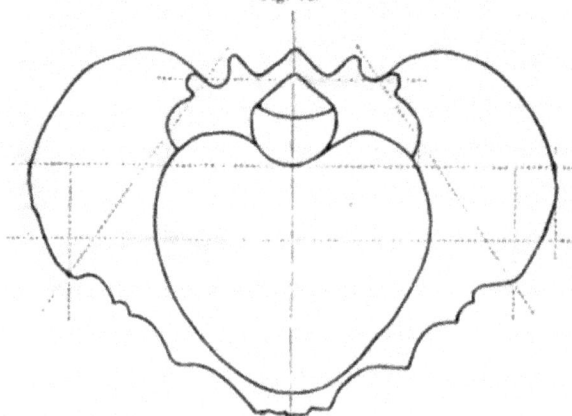

Weibliches Feuerländer-Becken. (¹/₃ nat. Grösse.)

Um diesem wesentlichen Merkmale einen bildlichen Ausdruck zu geben, habe ich nach dem Vorgange Garson's[2]) ein Feuerländerbecken construirt, das den aus den ♀ Mittelwerthen gewonnenen Typus darstellt.

Technik:

1. Sacrallänge. Von der Mitte des vorderen Randes des ersten Sacralwirbelkörpers (Promontorium) bis zur Mitte des Unterrandes des letzten. Tasterzirkel.

2. Sacralbreite. Grösste Breite der Vorderfläche des Sacrums.

3. Sacralindex $= \dfrac{\text{Sacralbreite} \times 100}{\text{Sacrallänge}}$

4. Vordere, obere Spinaldistanz. In der Mitte der beiden Spinae ant. sup. zu messen. Geleitzirkel.

5. Grösste Becken-(Cristal-)Breite. Grösster Abstand der beiden Cristas ilei, an deren Aussenrand gemessen. Stangenzirkel.

6. Ileumbreite. Von der Spina ant. sup. zur Kreuzungsstelle der Synchondrosis sacro-iliaca mit der Linea terminalis. Geleitzirkel.

7. Beckenhöhe. Vom höchsten Punkte der Crista oss. il. zum tiefsten des Tuber oss. ischii. Tasterzirkel.

[1]) Auch Hyades (Lit. 27, S. 55) und Sergi (Lit. 50, S. 58) machen auf starke Ausprägung der sexuellen Differenz aufmerksam.

[2]) Garson, l. c.

8. Ileumbreite nach Garson und Schmidt. Von der Spina ant. sup. zur Spina post. sup. Tasterzirkel.

9. Ileumhöhe. Von demjenigen Punkte der Linea arcuata, an dem der Transversaldurchmesser endet, bis zur höchsten Erhebung der Crista oss. il. Tasterzirkel.

9a. Ileumlänge Schmidt's. Vom Mittelpunkte der Pfanne zum höchsten Punkte der Crista. Tasterzirkel.

10. Hintere, obere Spinaldistanz. Vom Mittelpunkte der höchsten Erhebung beider Spinae. Geleitzirkel.

11. Acetabular-Symphysisbreite. Distanz des äussersten Punktes des Acetabularrandes von der Mitte der Symphyse. Tasterzirkel.

12. Wahre Kleinbeckenhöhe. Vom Vorderrande der Tub. oss. isch. bis zur Kreuzungsstelle der Linea terminalis mit der Articulatio sacro-iliaca. Tasterzirkel.

13. Seitliche Kleinbeckenhöhe. Länge einer vom Tub. oss. ischii auf die Linea terminalis gezogenen Senkrechten.

14. Conjugata vera. Von der Mitte des Promontoriums bis zur Mitte des Innenrandes der Symphyse. Geleitzirkel.

15. Transversaldurchmesser des Eingangs. Grösste Breite zwischen den Lineae arcuatae senkrecht auf die Conjugata vera. Geleitzirkel.

16. Schräger Durchmesser. Vom Kreuzungspunkte der Linea arcuata mit der Articulatio sacro-iliaca der einen zur Eminentia ilio-pectinea der anderen Seite. Geleitzirkel.

17. Ant.-post. Durchmesser des Ausganges. Von der Mitte des Arcus pubis bis zur Mitte des Unterrandes des letzten Sacralwirbels. Geleitzirkel.

18. Transversaldurchmesser des Ausganges. Vom Mittelpunkte des einen Tub. oss. isch. zur gleichen Stelle der anderen Seite (abzüglich leichterer Knochenkanten, welche durch die Lig. tuberoso-sacra hervorgerufen sind). Tasterzirkel.

19. Höhe der Symphyse. Vom obersten bis zum untersten Rande der Symphyse. Geleitzirkel.

20. Breite der Symphyse. Verbindung der beiden der Medianlinie am meisten genäherten Punkte des For. obturatum. Geleitzirkel.

21. Angulus pubicus. Garson's tioniometer.

22. Acetabulardurchmesser. Verbindungslinie der beiden Pfannenmittelpunkte. Tasterzirkel.

23. Normal-Conjugata. Von der Mitte des dritten Sacralwirbels zum oberen Rande der Symphyse. Gekreuzter Tasterzirkel.

24. Ischiumlänge. Vom Mittelpunkte der Pfanne bis zum höchsten Punkte des Tub. ossis ischii. Tasterzirkel.

25. Pubislänge. Vom Mittelpunkte der Pfanne bis zum oberen Ende der Symphyse. Tasterzirkel.

26. Die Neigung der Oberfläche des ersten Sacralwirbelkörpers wird mit dem Nivellirtrapez von Dr. W. Schulthess gemessen. (Vgl. Zeitschr. f. orthopaed. Chirurgie I. Bd., 1892).

27. Eingangsindex $= \dfrac{\text{Conjugata vera} \times 100}{\text{Transversaldurchmesser}}$

28. Garson's Indices $= \dfrac{n \times 100}{\text{Transversaldurchmesser}}$ (n = das zu vergleichende Maass).

29. Höhen-Breiten-Index $= \dfrac{\text{Beckenhöhe} \times 100}{\text{Cristalbreite}}$

30. Breiten-Höhen-Index $= \dfrac{\text{Cristalbreite} \times 100}{\text{Beckenhöhe}}$

31. Index ileo-pelvicus $= \dfrac{\text{Transversaldurchmesser} \times 100}{\text{Cristalbreite}}$

VII. Untere Extremität.

Femur.

In gleicher Weise, wie die obere Extremität, bietet auch die untere eine Reihe typischer Merkmale, die zum Theil einen gemeinsamen Entstehungsgrund haben, theils von einander unabhängig sind.

Was die allgemeine Gestalt des Femur anlangt, so hat dasselbe im Vergleich zum europäischen ein durchaus schmächtiges Aussehen: die Linea aspera ist in ihrer oberen Partie keine vorspringende Leiste, sondern eine oft 12 mm breite, leicht concave Fläche; überhaupt ist das ganze Femur abgeflacht, aber nicht von hinten und vorn, sondern von innen hinten und vorn aussen, und zwar in einem Grade, wie ich es bei Europäern nie beobachten konnte. Die in der Mitte der Diaphyse genommenen Querschnittsmaasse sind nicht wesentlich von den unserigen verschieden, nur bei 2 ♀ (L. u. F. C.) ist der Transversaldurchmesser ziemlich grösser, als der sagittale; eine Pilasterform besteht nur bei C. Der Index des Diaphysendurchschnitts für die Feuerländer beträgt im Mittel = 103,5 und für die Schweizer = 103,3; Broca hat für Franzosen

= 101,8 angegeben. Gegen ihr oberes Ende zu wird die Diaphyse sehr abgeplattet, wesentlich, jedoch nicht ausschliesslich in Folge einer eigenthümlichen Kammbildung circa 10 cm unterhalb des Trochanter major, und ich habe, um diese Bildung auch numerisch ausdrücken zu können, an der Stelle der grössten Ausladung den Quer- und Dickendurchmesser gemessen und hieraus einen Index berechnet. Die zum Vergleich beigezogenen Schweizer Femora, die sämmtlich jene laterale Ausladung unterhalb des Trochanter major nicht zeigen, wurden in der entsprechenden Höhe (circa 3 cm unterhalb des Troch. min.) gemessen. Dieser Index beträgt nun für die Feuerländer im Mittel = 66,9, für die Schweizer 84,6 — eine Differenz, die einen guten Ausdruck für die ganz verschiedene Form der oberen Diaphyse in beiden Typen geben dürfte[1]).

Auch der Dickendurchmesser des unteren Endes der Diaphyse ist bedeutend reducirt; ich fand als Minimaldistanz gemessen für die Feuerländer nur 23,6 mm, für die Schweizer dagegen 32 mm.

Entsprechend der ganzen Ausbildung des Knochens sind auch die Condylen nicht stark entwickelt; es beträgt die grösste Breite der unteren Epiphyse für die Feuerländer im Mittel 75 mm, für die Schweizer 82 mm; die Dicke des Condylus ext. für die ersteren 59 mm, für die letzteren 64 mm.

Die Linea obliqua ist nur schwach ausgeprägt, die Fossa trochanterica dagegen tief und die einzelnen Facetten des Trochanter maj. sind deutlich und gut von einander zu trennen. Die Fossa capitis ist relativ gross, tief, längsoval und besitzt häufig eine secundäre, seichte Vertiefungszone um sich herum, die einen grossen Theil des Gelenkkopfes einnimmt. In dem Grade, in welchem diese Bildung sich bei den drei ♀ findet, konnte ich sie bei Europäern nicht constatiren.

Wird das Femur des Feuerländers auf seine Vorderfläche in der Weise aufgelegt, dass Gelenkkopf und Vorderrand des Trochanter maj. die Horizontale tangiren, so liegt der Troch. min. mit seiner höchsten Erhebung in der Axe der Diaphyse, während er beim Europäer bei gleicher Orientirung diese medialwärts überschreitet, weiter hervorragt und häufig sogar die mediale Kante der Diaphyse verdeckt. Diese Bildung steht im Zusammenhange mit einer Torsion des Knochens und mit der Function des M. ileopsoas beim Hocken.

Ein eigentlicher Trochanter tertius ist in keinem Falle vorhanden, dagegen aber findet sich die Fossa hypotrochanterica in ihrer typischen Form bei allen fünf Alakaluf beiderseits. Sie ist circa 4 cm lang, liegt meist vor oder unterhalb einer kleinen Crista und zeigt in ihrer Ausdehnung häufig jene von Török[2]) beschriebene Tubercula. Hyades fand an seinen Individuen die Fossa hypotroch. in geringerem Procentsatz, dagegen häufiger einen ausgebildeten Trochanter tertius. Entgegen seiner Auffassung, dass wir es hier mit einer von der Muskelwirkung unabhängigen Bildung zu thun haben, glaube ich, dass diese vielmehr mit jener oben erwähnten seitlichen Ausladung und der damit verbundenen Abflachung des oberen Diaphysenendes im Zusammenhange steht. Die Häufigkeit des Auftretens der Fossa hypotroch., wie ich sie bei den Feuerländern gefunden, ist bis jetzt nur bei den belgischen Höhlenbewohnern der Rennthierzeit[3]) beschrieben worden und bin ich überzeugt, dass es sich bei diesem Merkmal um das Resultat gleicher functioneller Accomodation handelt. Das Tuberculum supracondyloideum med. (Gruber) ist nicht sehr stark entwickelt, doch deutlich, ebenso besteht bei C. und Fr. C. ein Tub. supracondyloid. ext., zur Ursprungsstelle des M. plantaris.

Die Convexität der hinteren Kante resp. des ganzen Schaftes nach vorn ist beim Feuerländer nicht so ausgesprochen wie beim Europäer, schon aus dem einen Grunde, weil jene oben beschriebene Abflachung an der Bildung dieser Krümmung nicht participirt, während dieselbe beim Schweizer direct vom Troch. maj. anhebt. Es beträgt die höchste Erhebung dieser Curve, am Vorderrande der Diaphyse gemessen, im Mittel für den Feuerländer = 55 mm und für den Schweizer = 60 mm.

Der Hals des Feuerländer-femora ist leicht gebaut, von vorn nach hinten abgeplattet und bildet nach oben eine bedeutende Concavität, so dass der Gelenkkopf wie eine Kugel auf demselben aufsitzt. Der Winkel, den er mit der Diaphysenaxe bildet (Cervico-Diaphysenwinkel), ist weit kleiner beim Feuerländer, als beim Schweizer; er beläuft sich für die ersteren im Mittel auf 123°, für die letzteren 133°. Diese Zahlen bestätigen die von Humphry[4]) gemachte Beobachtung, dass dieser Winkel im Allgemeinen bei kurzen Knochen und weitem Becken kleiner ist, denn beide Factoren finden sich bei unseren Feuerländern. Einen typischen Geschlechtsunterschied in dieser Hinsicht konnte ich nicht constatiren[5]) und auch Altersdifferenzen lassen sich nicht feststellen, wie überhaupt eine senile Veränderung, d. h. eine Reduction des Cervico-diaphysenwinkels nicht vorzukommen scheint. Im genetischen Zusammenhange mit diesem Winkel steht derjenige, der die Längsaxe der Diaphyse mit der Verticalen bildet; seine Grösse drückt die laterale Neigung

---

[1]) Eine ähnliche Abflachung, speciell der Vorderfläche dieses Theiles des Femur hat Turner auch an Maori von Neuseeland beobachtet (Lit. 54, Part 47, p. 97); vergl. auch Henry Gillmann (Proceedings of the American Assoc. for the Adv. of Science, 25. meeting, Buffalo 1876, p. 300, der diese Bildung an Femora aus den Michigan tumuli beschreibt. Manouvrier nennt diese Bildung Platymerie. Vergl. Revue mensuelle de l'École d'Anthropologie de Paris II, 1892, p. 121.

[2]) A. v. Török, Ueber den Trochanter tertius. Anatom. Anzeiger I, S. 169 ff.

[3]) Houzé, Le troisième trochanter de l'homme etc. Bruxelles 1883.

[4]) Journal of Anatomy etc. XXIII, 273 u. 387.

[5]) Henle (Handbuch der Knochenlehre, S. 283) behauptet, dass der Cervico-diaphysenwinkel beim ♀ kleiner sei, als beim ♂, und einem rechten Winkel nahe komme.

des Femur aus. Dieser Diaphysenwinkel beträgt bei den Feuerländern im Mittel 8°, bei Schweizern dagegen 11°. Das Femur des ersteren ist also relativ weniger seitwärts geneigt, sein Hals steht steiler auf dem Schaft, so dass bei der grossen Breite des Beckens die unteren Extremitäten weiter von einander abstehen müssen, als beim Europäer [1]).

Fig. 13.

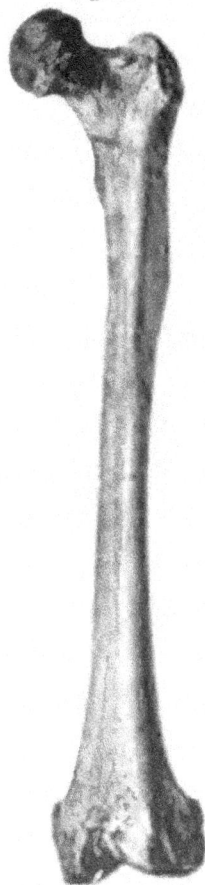

Auffallend ist, dass das linke Femur stets um 2 bis 4° weniger geneigt ist, als das rechte, eine Eigenthümlichkeit, die ich auch bei den Schweizern fand. Ein Gleiches gilt auch vom Cervico-Diaphysenwinkel (C. ausgenommen).

Untersucht man in ähnlicher Weise wie beim Humerus den Winkel, den die Halsaxe mit der Drehaxe der Condylen bildet, so ergiebt sich, dass das Femur eine gewisse Torsion zeigt, da diese beiden Linien sich immer schneiden. Der Grad dieser Drehung ist beim Feuerländer weit grösser, als beim Europäer; Mittel der ersteren = 18,3°, der letzteren nur = 8°. Durch diese Stellung der beiden Axen zu einander werden die Knie mehr nach innen gestellt und überhaupt jener Gang mit einwärts gerichteter Fussaxe erzeugt, der für viele farbige Rassen charakteristisch ist. Da nun das Femur der Feuerländer, wie bereits erwähnt, oben und unten gegen die Epiphyse zu abgeplattet ist und die Längsaxen der beiden Abflachungen sich in Folge der Torsion stark kreuzen, so tritt diese letztere auf den ersten Blick deutlich hervor. Die mittlere ganze Länge der zehn Feuerländer-Femora beträgt = 410,9 mm, diejenige der Schweizer = 456,5 mm. Vereinige ich alle über die Feuerländer bekannten Daten, so finde ich eine mittlere Länge aus 25 ♂ Femora von = 414,3 mm und 29 ♀ = 390,8 mm.

Zwischen linker und rechter Femurlänge besteht eine durchgehende Grössendifferenz, und zwar ist jeweils der linke Knochen um 2 bis 6 mm länger als der rechte (ausgenommen bei G.). Dies dürfte kaum mit der Schiefstellung des Knochens zusammenhängen, obwohl sich herausstellte, dass der Diaphysenwinkel links stets 2 bis 4° weniger betrug als rechts, denn der Einfluss dieser grösseren Streckung des Schaftes auf die ganze Länge wird compensirt durch einen kleinen Cervico-Diaphysenwinkel der linken Seite.

Die folgende Tabelle enthält neben den absoluten Längen auch diese Maasse in der natürlichen Stellung des Knochens, d. h. bei horizontaler Condylenebene abgenommen.

Typus	Ganze Länge	Troch. Länge	Ganze Länge	Troch. Länge	Differenz zwischen			
	absolut		in nat. Stellung		1 u. 2	1 u. 3	2 u. 4	3 u. 4
	1	2	3	4				
Feuerländer	410,9	398,7	408,8	392,2	12,2	1,1	6,5	17,6
Schweizer	456,5	436,6	452,0	426,0	19,9	4,5	10,6	26,0

In Folge der geringeren Schiefstellung des Femur ist die Differenz zwischen absoluter und natürlicher Länge beim Feuerländer kleiner, als beim Schweizer; bei ersterem ist ausserdem die Trochanterlänge zwar absolut kleiner, aber relativ grösser zur ganzen Länge, als bei letzterem, d. h. der Trochanter maj. erhebt sich beim Feuerländer etwas höher, als beim Europäer. Während beim Uebergang

aus der verticalen Lage in die natürliche Stellung die ganze Länge des Knochens nur um ein Weniges abnimmt, sinkt die Trochanterlänge bedeutend und die Differenz zwischen diesen beiden Maassen ist in natürlicher Position grösser, als bei vertical gerichteter Diaphyse.

Die Patella des Feuerländers hat eine deutliche Herzform, besonders hervorgerufen durch eine gute Ausprägung des Apex. Die verticalen Rinnen und Spalten an der leicht convexen, bisweilen abgeflachten Vorderfläche sind deutlich und stark ausgebildet.

Tibia und Fibula.

Das auffallendste Merkmal, das die Tibia der Feuerländer zeigt, ist die starke Retroversion des Tibialkopfes, wodurch die Fossa poplitea vertieft erscheint.

Ich berechnete den sogenannten Retroversionswinkel, d. h. denjenigen Winkel, der von der Diaphysenaxe und einer auf die Gelenktangente errichteten Senkrechten gebildet wird, er beträgt für den Feuerländer

[1]) Auch am Lebenden von mehreren Reisenden beobachtet.

$= 20^{0}$ und für den Schweizer $= 7,6^{0}$ (Mittel aus 42 Schienbeinen), zeigt also eine ganz beträchtliche Differenz. Diesen principiellen Unterschied zwischen den beiden Typen bringt die nebenstehende graphische Darstellung zur Anschauung. Nur eine einzige von 42 schweizerischen Tibien ergab eine Retroversion von 16° und es ist zweifelhaft, ob hier nicht pathologische Momente mitwirkten; alle übrigen bleiben unter

Fig. 14.

11° und erreichen als Minimum 2°. Auf der anderen Seite zeigt II. mit nur 15° für die Feuerländer einen sehr niedrigen Retroversionswinkel und drückt daher den Mittelwerth etwas herab. Für die ♀ allein beträgt der Winkel $= 23,1^{0}$.

Ich glaube, dass die obigen Zahlen erst dazu berechtigen dürften, eine starke Retroversion der oberen Tibialepiphyse, resp. des ganzen Knochenendes als charakteristisches Merkmal für den Feuerländer anzusehen[1].

Diese Bildung wurde bekanntlich zuerst im Jahre 1880 von Dr. Collignon[2] beschrieben und hierauf von Fraipont[3] und Manouvrier[4] einer genaueren Analyse unterzogen. Die Behauptung Fraipont's, dass eine inclinirte resp. retrovertirte Tibia einen weniger aufrechten Gang bewirke, wird schon durch die Thatsache widerlegt, dass die Feuerländer während ihres Lebens im Wesentlichen nicht weniger aufrecht gingen als wir. Meiner Ansicht nach handelt es sich bei der Retroversion nur um eine morphologische Bildung, die durch das gewohnheitsmässige Hocken dieser Leute hervorgerufen wird. Bei diesem Niederkauern werden die beiden Schenkelknochen al ultimum gebengt und dabei üben die vorderen Oberschenkelmuskeln, die an der Tuberositas tibiae inseriren und danach streben, den Unterschenkel im Kniegelenk zu strecken, einen mächtigen Zug auf das obere Ende der Tibia aus, das, wenn es beständig und schon in der Wachsthumsperiode des Individuums unter diesem Zuge steht, sich nach hinten krummen muss. Auch wird beim Hocken durch die rückgewendete Tibialgelenkfläche eine bessere Gelenkverbindung von Femur und Tibia, sowie eine geringere Zerrung der Gelenkkapsel garantirt, als wenn der Tibialkopf nicht retrovertirt wäre.

Der Winkel, den die laterale Fläche des Femoralgelenkes mit der tibio-fibularen Gelenkfläche bildet, ist entsprechend der starken Epiphysenretroversion ebenfalls grösser als beim Europäer.

Tibia einer Feuerländerin.

Fig. 15.

Auch sind die Gelenkflächen der oberen Epiphyse bei Weitem nicht so stark ausgehöhlt, als an irgend einer damit verglichenen Europäer-Tibia, so dass es selbst schwer fällt, das Centrum der grössten Depression zu bestimmen. Der vordere Rand ist weniger abfallend; die Torsion des ganzen Knochens scheint geringer, als beim Europäer. Speciell möchte ich noch auf die sagittale Krümmungscurve des Condylus externus aufmerksam machen, da sie eine stärkere Convexität besitzt, als beim Europäer. Thomson[5] hat nämlich gezeigt, dass auch bei diesem letzteren die concave Form, die man bisher als typisch annahm, nur äusserst selten vorkommt, dass vielmehr die plane oder leicht convexe überwiegt, während es bei anderen Rassen bisweilen zu einer äusserst starken Convexität kommt. Wenn ich mich nach dem Schema dieses Autors richte, so finde ich für die Feuerländer ein Mittel von 2,3; Thomson selbst hatte für drei Feuerländer-Tibien Nr. 2 angegeben.

Schema der sagittalen Krümmungscurve des Cond. ext. tibiae (nach Thomson).

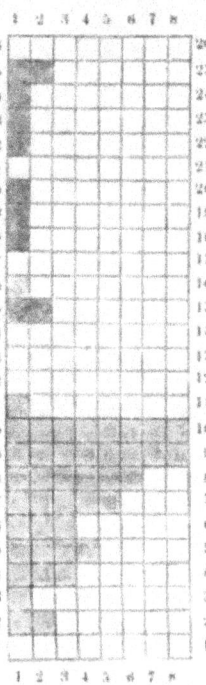

☐ Feuerländer
▨ Schweizer

[1] A. Thomson, der drei Feuerländertibien des Roy. College of Surgeons of Eng. Mus. untersuchte, bezeichnet nur eine einzige als „oblique". Da der betreffende Autor aber zur Zeit seiner Untersuchung die Wichtigkeit dieser Bildung noch nicht kannte, und wie er selbst bemerkt, nur die aller auffallendste Obliquität notirte, so ist wohl anzunehmen, dass auch die beiden anderen Schienbeine die Retroversion nicht ganz entbehren.

[2] Collignon, Description des Ossements fossiles humains etc., Revue d'Anthropologie, 2. Sér., Tom. III, p. 395.

[3] Fraipont, Le Tibia dans la Race de Neanderthal. Revue d'Anthropologie, 3. Sér., Tom. III, p. 145.

[4] Manouvrier, Étude sur la Rétroversion de la Tête du Tibia etc. Mémoires de la Société d'Anthropologie de Paris, 2. Sér., Tom. IV, p. 219.

[5] Thomson, Journal of Anatomy etc. Vol. XXIII, p. 616 and Vol. XXIV, p. 212.

Dagegen besitzen: 31 Europäer   ein Mittel von 1,5
              14 Australier   „   „   „   2,5
              25 Andamanen   „   „   „   2,7
              4 nordamerikanische Indianer „   „   „   3,2

Bei den Feuerländern besteht also eine deutliche Convexität, die in der Mitte liegt zwischen den Formen 2 und 3, wie sie von Thomson als Norm aufgestellt wurden. Die individuellen Verhältnisse stimmen mit diesem Mittelwerth überein, nur einmal findet sich eine Form unter 2, sonst immer Nr. 2, und zweimal sogar Nr. 3 (bei 2 ♀).

Die Mehrzahl der Feuerländertibien ist nur mässig platycnem, oder besitzt vielmehr eine Form, die zwischen der eigentlichen Platycnemie und der europäischen Euryenemie einen Uebergang bildet. Der mittlere Index der zehn Alakaluftibien beläuft sich auf 67,8, ohne die beiden eurycnemen Schienbeine von Fr. C. auf 65,6. Es gehören also beide Indices in die mesoseme [1]) Gruppe. Sergi bezeichnet die von ihm untersuchten Feuerländer als subplatycnem [2]), indem er aus 13 Individuen einen mittleren Index von 68,5 (♂ = 70, ♀ = 67) berechnete, der dem von mir gewonnenen fast gleich kommt. Einen niedrigen, d. h. wirklich platycnemen Index geben Thomson und Hyades an: Ersterer als Mittel aus vier Indianern = 60,7; Letzterer aus sechs Tibien = 62,7. Die zum Vergleich beigezogenen Schweizer Schienbeine haben einen mittleren Index von 70,6, sind also durchaus eurycnem.

Von einer Correlation oder vielmehr Coincidenz von Platycnemie und Retroversion kann bei den Feuerländern nicht gesprochen werden, denn trotz des bedeutenden Retroversionswinkels von 20° sind ihre Tibien im Mittel mesosem, ja zeigen gerade in dem einzelnen, individuellen Falle ausgesprochener Eurycnemie (Index 75 und 78) die starke Retroversion von 23 und 24°. Entsprechend diesem letzteren Winkel verhält sich auch der sog. Inclinationswinkel; er beträgt für den Feuerländer im Mittel 16,5°, für den Schweizer dagegen nur 5,3°. Es dürfte vielleicht Retroversion und Inclination nicht ganz unabhängig sein von der absoluten Grösse des Knochens, wenigstens zeigen die beiden Männer, welche die längsten Schienbeine haben, von beiden Winkeln die niedrigsten Grade.

Trotz der absolut geringen Ganzen Länge der Tibia (relativ zum Europäer) ist die Ausbildung der Epiphysen der beiden Typen fast gleich, beim Feuerländer also relativ mächtig, wie aus folgender Zusammenstellung deutlich hervorgeht.

Typus	Ganze Länge der Tibia	Obere Epiphysenbreite	Untere Epiphysenbreite
Feuerländer	337,6	71,6 {♂ 76,5 / ♀ 68,3	51,2 {♂ 52,7 / ♀ 50,1
Schweizer	365,0	72,7	51,7

Das untere Ende der Tibia ist beim Feuerländer mehr platt von vorn nach hinten, als beim Europäer, die bei diesem meist leicht gewölbte vordere Fläche hat einer leicht concaven Platz gemacht (vielleicht eine Wirkung der Endsehnen der Extensoren). Die hintere Fläche des Malleolus ist fast platt und ein Sulcus malleoli medialis würde für die Feuerländer wohl nie beschrieben worden sein, wenn wir von Europäern nicht wüssten, dass an dieser Stelle ein solcher Canal zu suchen ist. Er darf in der That hier als fehlend bezeichnet werden, was auf eine relative geringere Function und Ausbildung der Beugemuskeln hinzudeuten scheint.

Der Unterrand setzt sich im scharfen Winkel von der Vorderfläche ab und bildet eine längliche, stark vertiefte Grube, die sich gegen den Vorderrand der Gelenkfläche wieder erhebt. Ich vermag nicht sicher zu entscheiden, ob diese Ausbildung ausschliesslich einer mächtigen Entwickelung der Bänder zuzuschreiben

Fig. 16.

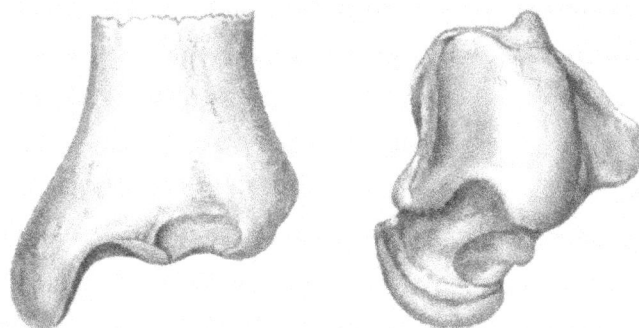

Tibial- und Astragalfacette bei einer Feuerländerin (F. C.).

---

[1]) Nach der Bezeichnung Kniff's, cf. Revue d'Anthropologie, 2. Ser., Tom. IV, p. 258.

[2]) Lit. 50 und 51. An dem zuletzt gemessenen Skelet fand Sergi einen Index von 67.

ist, oder ob nicht ein Theil derselben einer secundären Articulatio talo-tibialis entspricht; bei einem Individuum (Fr. C.) bestehen beiderseits ganz deutliche, concave Tibialfacetten gegen die laterale Fläche zu, mit correspondirender, leicht convexer Articulationsfläche an der Oberfläche des Astragalhalses. Hier geht die Tibialfacette in die eigentliche Gelenkfläche der Tibia ohne scharfen Rand über; in vier anderen Fällen bin ich, trotzdem dieser Rand deutlich besteht, doch geneigt, den lateralen Theil dieser schrägen Grube als Tibiafacette zu beanspruchen, wozu mich auch das Vorkommen einer glatten Fläche an der typischen Stelle des Astragalhalses veranlasst.

Sämmtliche sechs Fälle, in denen sich diese Facetten mehr oder weniger deutlich finden, betreffen weibliche Individuen. Thomson fand an seinen vier Feuerländertibien die Facette nur einmal, zweimal war sie zweifelhaft (Margin bevelled) und in einem Falle fehlte sie ganz. Um die Häufigkeit des Vorkommens bei einigen Typen zu zeigen, gebe ich eine Tabelle, die, in Anbetracht der von, nur wenig Individuen herrührenden Mittelzahlen, nur als provisorisch betrachtet werden kann.

Anzahl	Typus	Tibialfacette		
		vorhanden	angedeutet	fehlt
25	Europäer	1	0	24
11	Australier	7	4	0
24	Andamanen	12	7	5
14	Feuerländer	7	2	5

Ich glaube nicht, dass wir in diesen Facetten ein pithekoides Merkmal zu erblicken haben, obwohl sich dieselben bei den Anthropoiden, mit Ausnahme des Chimpanse, als Regel finden, sondern bin geneigt, dieselben als eine functionelle Anpassung zu betrachten, im Zusammenhang stehend mit der typischen Hockstellung so vieler farbiger Rassen, besonders auch unserer Feuerländer.

Als Ganze Länge der Tibia fand ich für die fünf Alakaluf ein Mittel von 337 mm (σ = 353 mm, $\female$ = 327 mm).

Was die Fibula der Feuerländer anlangt, so kann ich mich auf einige descriptive Angaben beschränken, da die Maassverhältnisse dieses Knochens in den meisten Beziehungen von der Tibia abhängig sind. In Folge der Reduction dieses Knochenstabes sind die individuellen Variationen gross, wenn auch nicht so gross, wie beim Europäer. Als charakteristisch für die Feuerländer erwähne ich Folgendes: die Fibula ist im Verhältniss zur Tibia mächtig und breit, das obere Gelenkende allerdings verhältnissmässig klein und rund, und der mittlere Höcker (Insertion des M. biceps femoris) relativ sehr schwach entwickelt.

Eine abweichende Bildung an der oberen Epiphyse zeigt H. beiderseits, nämlich eine enorme Verdickung an der Ursprungsstelle des M. soleus, die, einem Eiszapfen vergleichbar, hinten an der Epiphyse herabhängt. In Folge davon ist der Durchschnitt der Fibula unterhalb des Köpfchens seitlich comprimirt, an der medialen Seite concav, an der lateralen dagegen convex. Man vergleiche die nebenstehende Zeichnung.

Die Superficies artic. tib. ist nicht wie beim Europäer meist leicht concav, sondern eben und

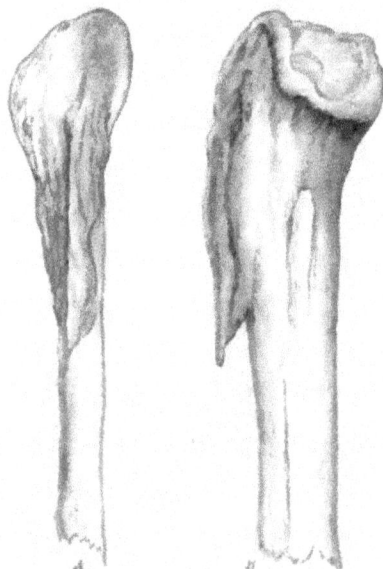

Fig. 18.

Oberer Theil der Fibula eines Feuerländers (H.).
A von hinten. B von der lateralen Fläche.

oder noch convex, dabei im Ganzen steiler gestellt, meist die ganze, obere Fläche des Köpfchens einnehmend.

Die untere Gelenkfläche geht allmälig in den Sulcus malleoli lateralis über, während sie beim Europäer mehr oder weniger steil abfällt; sie ist im Ganzen kleiner und der Malleolus nicht stark entwickelt.

Am Körper der Fibula ist die Krümmung am meisten auffallend, die von derjenigen des Europäers bedeutend abweicht. Ich stelle zum Vergleich zwei Fibulae der beiden Typen von der medialen Seite gesehen neben einander.

Während die Fibula des Europäers in situ sich in der Regel nach hinten etwas vorwölbt, steht diejenige des Feuerländers gerade, mehr den Charakter eines Stützpfeilers und des kindlichen Typus tragend, oder neigt sogar etwas zur Bildung einer leichten Convexität nach vorn (vgl. die Abbildung).

Fig. 18.

Man braucht die Knochen nur in gleicher Orientirung auf eine Horizontale zu legen, um diese Verschiedenheit der Curvatur sofort constatiren zu können.

Die absolute Länge der Fibula der fünf Alakaluf beträgt im Mittel = 328 mm (für die ♂ = 342 mm, für die ♀ = 319 mm); die Vereinigung aller von den verschiedenen Autoren mitgetheilten Zahlen ergiebt:

Mittel aus 26 ♂ Feuerländer - Fibulae = 337 mm

" 18 ♀ " = 315 "

Das Fussskelet ist im Grossen und Ganzen kurz, gedrungen und breit; dasselbe misst in der Länge im Mittel (aus Hyades und meinen Einzelwerthen berechnet) 219 mm für die ♂ und 201 mm für die ♀[1].

Auf die einzelnen Theile des Fussskelettes kurz eingehend, möchte ich erwähnen, dass der Hals des Talus etwas gekürzt erscheint und, wie bereits erwähnt, eine secundäre, kleine Articulationsfacette trägt. Da die überknorpelte Fläche für den Condylus med. weit nach vorn reicht, etwas mehr nach oben sieht und sich nur mit leichter Krümmung von der oberen Gelenkfläche absetzt, so entsteht am Vorderrande dieser letzteren eine schärfere Einbuchtung, als wir sie beim Europäer gewöhnlich sehen. In sagittaler Richtung reicht die Gelenkfläche nicht tief nach hinten herab und ist meist gut abgegrenzt.

Die hintere Fläche des Calcaneus ist scharf abfallend und flach; der ganze Knochen ist hinten etwas medianwärts gedreht, was Ranke[2] schon an den lebenden Individuen aufgefallen ist, und ebenfalls mit der typischen Hockstellung zusammenhängen mag. Die Unterfläche ist mehr flach und die Profilirung nicht so scharf.

Die zweite Zehe ist bei vier Individuen am weitesten hervorragend; bei C. reicht die erste Zehe gleich weit nach vorn. Die grosse Zehe ist gegen die zweite hin gekrümmt, mindestens macht sich diese Einwartsknickung an der Endphalange geltend, die, wie beim Europäer, wie ein schiefer Hut auf der Mittelphalange aufsitzt. Diese Eigenthümlichkeit scheint also keine Culturdeformation, sondern ein natürliches, morphologisches Verhalten des Fussskelettes zu sein.

Die Capitulargelenkflächen der Metatarsalien sind hoch, stark gewölbt und scharf abgegrenzt.

Die Phalangen sind gut gebaut; die Mittelphalangen gehören, mit einer Ausnahme, dem gestreckten Typus (Pfitzner) an und sehen nicht so verkümmert aus. Nur die Endphalangen sind reducirt und in drei Fällen, einmal doppelseitig (C), mit den Mittelphalangen verwachsen.

Zum Schluss mögen einige Verhältnissgrössen des Extremitätenskelets hier Platz finden.

Der Tibiofemoralindex ist sexuell ziemlich verschieden, so dass es nicht gestattet erscheint, die beiden Geschlechter vereint zu behandeln, wie das von den meisten Autoren bis jetzt geschehen. Leider bestehen auch in der Technik Unterschiede, die eine Verschiebung des Index um 1 bis 2° verursachen können.

Ich fand für die Feuerländer einen, aus sämmtlichen Werthen berechneten Tibiofemoralindex von 83 für den ♂ und 81,5 für den ♀. Garson hatte für die ersteren 84,7 angegeben, jedoch die Eminentia intercondyloidea mit in Rechnung gezogen. Nach der provisorischen Eintheilung Turner's würden die ♂ eben in die dolichocnemische Gruppe zu zählen sein, während die ♀ brachycnemisch sind. In Wirklichkeit dürften beide am richtigsten mesocnem genannt werden, d. h. bei den Feuerländern ist der Unterschenkel im Verhältniss zum Oberschenkel weder auffallend lang, noch merklich kurz, er nimmt eine Mittelstellung ein, neigt aber eher, besonders im ♀ Geschlecht, dem letzteren Extrem zu. Folgende Tabelle zeigt vergleichsweise diesen Index bei drei Typen:

Rechte Fibula A eines
Europäers und B einer
Feuerländerin von der
medialen Seite.

---

[1] Diese Maasse sind nur approximativ, weil am montirten Fuss gemessen; ich verzichte daher auch auf Detailmessungen der einzelnen Theilstücke.

[2] Ranke, Der Mensch I, S. 427.

Typus	Index	
	♂	♀
Europäer	81,1	83,8
Feuerländer	83,0	81,5
Australier [1])	84,0	—

Auch das Verhältniss der oberen zur unteren Extremität — beide ohne die am meisten distal gelegenen Theile — verdient Berücksichtigung.

Die absolute Länge von Femur und Tibia beträgt 758 mm für das ♂ und 709 mm für das ♀ (für die fünf Alakaluf allein 778 mm resp. 728 mm). Die Vereinigung aller bekannten Einzelwerthe ergab einen Extremitätenindex von 69,4 für die ♂ und 70,8 für die ♀. Sergi's und meine eigenen Mittelzahlen stimmen mit diesen beiden fast ganz überein, nur Garson und Hyades geben etwas höhere Werthe an. Wird der Index nicht aus den Einzelzahlen, sondern aus diesen Mittelwerthen der verschiedenen Autoren berechnet, so lautet er 70,7 für das ♂ und 71,2 für das ♀, also für ♂ + ♀ 70,9. Ich ziehe jedoch den ersteren Modus der Berechnung als den richtigeren vor.

Typus	♂	♀	♂ + ♀
Feuerländer	69,4	70,8	70,1
Europäer	70,4	69,3	69,7
Neger	68,3	68,1	68,2
Australier	68,7	—	—

Die Feuerländer unterscheiden sich hinsichtlich des Extremitätenindex also noch mehr vom Neger und Australier, als selbst der Europäer, dem sie sehr nahe stehen, d. h. das Verhältniss zwischen den beiden Extremitäten ist annähernd das gleiche, wie beim Europäer, oder höchstens ist ihre obere Extremität relativ etwas länger. Bei Anthropoiden übertrifft stets die obere Extremität die untere an Länge.

Ferner besteht eine Differenz hinsichtlich der relativen Längen der einzelnen Theile der oberen und unteren Extremität innerhalb der verschiedenen Menschenrassen. Für den Femoro-humeral-Index gebe ich folgende Tabelle, in der ich die von Broca mitgetheilten Zahlen zur Vergleichung verwendete [2]):

Typus	Femoro-humeral-Index		
	♂	♀	♂ + ♀
Feuerländer	69,8	72,9 [3])	71,3
Europäer	72,4	71,8	72,2
Neger	69,0	68,8	68,9

Berechnet man das Verhältniss von Humerus zu Femur und Tibia (= untere Extremität), so ergiebt sich:

Typus	♂	♀	♂ + ♀
Feuerländer	37,8	40,1	38,9
Neger	38,0	38,5	38,2
Europäer	40,3	39,7	40,1

Ein Index, gewonnen aus dem Vergleich von Radius zu Femur und Tibia, diese beiden = 100 gesetzt, beträgt für:

---

[1]) Mittel aus sechs Individuen, von Turner nach der gleichen Methode gemessen wie die Europäer und Feuerländer. l. c. 54, Part 47, p. 106.

[2]) Broca, Bull. de la Soc. d'Anthropologie de Paris, 2. Sér., Tom. II, p. 650.

[3]) Diese grosse sexuelle Differenz beruht vielleicht auf einem Fehler; ich konnte jedoch diesen Index nicht aus den Indices der einzelnen Individuen berechnen, da ich dieselben bei denjenigen Autoren nicht ausrechnen konnte, die in ihren Listen die Zusammengehörigkeit der einzelnen Knochen nicht angegeben haben.

Typus	♂	♀	♂ + ♀
Feuerländer	31,5	30,6	31,0
Neger	30,3	30,1	30,2
Europäer	29,7	29,2	29,5

Sämmtliche obigen Indices illustriren die wichtigen Verhältnisse zwischen den Extremitäten im Ganzen und ihren Theilen. Es zeigt sich, dass, wie beim Neger, so auch beim Feuerländer der Humerus relativ kurz ist; aus der letzten Tabelle aber ist ersichtlich, dass der Radius bei ihm länger ist, als beim Europäer, ja selbst noch länger, als beim Neger. Dass seine obere Extremität relativ zur unteren trotzdem ein dem Europäer gleiches Verhältniss zeigt, oder selbst noch etwas länger ist, beruht trotz des kürzeren Humerus auf der relativen Länge des Vorderarms.

Technik:

Femur:

Sagittale Querschnittsaxe der Diaphyse: Maximalmaass in der Mitte des Knochens. Gelenkzirkel.

Transversale Querschnittsaxe. In gleicher Weise wie die sagittale Axe zu messen. (Das Maass in der Höhe des Ernährungsloches [bald eines, bald zwei vorhanden] muss ich, weil zu unbestimmt, verwerfen.)

$$\text{Index des Diaphysenquerschnittes} = \frac{\text{Sagittalaxe} \times 100}{\text{Transversalaxe}}$$

Oberer transversaler Durchmesser } Grösste Ausladung, etwa 3 cm unter dem Niveau des
Oberer sagittaler Durchmesser
Troch. min. (transversal und sagittal im Sinne der oberen Epiphyse). Gelenkzirkel.

$$\text{Index} = \frac{\text{oberer Sagittaldurchmesser} \times 100}{\text{oberer Transversaldurchmesser}}$$

Unterer sagittaler Minimaldurchmesser: Oberhalb der unteren Epiphyse in der Mitte des Knochens. Tasterzirkel.

Condylenbreite: Der Knochen wird so auf das Messbrett aufgesetzt, dass die Unterfläche beider Condylen aufliegt, die Tangente mit dem Maassstabe parallel läuft und der Condyl. med. an das verticale Brett anstösst. Am Cond. lat. tastet das Winkelmaass.

Dicke des Condylus ext.: Messbrett. Die hintere Fläche beider Condylen wird bei aufrecht gehaltenem Knochen an das verticale Brett angelegt. Das Winkelmaass berührt nur den am meisten nach vorn liegenden Punkt des Cond. ext.

Krümmung der Diaphyse: Messbrett. Der Knochen wird wie zur Abnahme der Länge orientirt; man bestimmt den höchsten Punkt der Krümmungscurve mit dem Stangenzirkel und zieht die Dicke des Brettes (Aufrechthalten) vom gewonnenen Maasse ab.

Cervico-Diaphysenwinkel: Hals- und Diaphysenaxe werden mittelst schwarzen Fadens markirt, im Lucae'schen Apparate durchgezeichnet und davon der Winkel abgelesen.

Diaphysenwinkel: Nach gleichem Princip.

Torsionswinkel: Die Halsaxe wird bestimmt durch einen schwarzen Faden, der über die Mitte des Gelenkkopfes bis zum grossen Trochanter geführt wird, so dass er den Hals, von oben gesehen, in zwei gleiche Hälften theilt. Da es unmöglich ist, die Drehaxe des unteren Gelenkes in gleicher Weise zu bestimmen, so nimmt man als Axe die Tangente (Stahlnadel) an die hervorragendsten Punkte der Condylen bei senkrecht gestelltem Femur. Hierauf orientirt man den Knochen im Zeichenapparate in der Weise, dass die Unterfläche der Condylen auf einer horizontalen, weissen Holzplatte aufruhen und die obere Fadenaxe mit der unteren Nadelaxe sich schneidet. Durchzeichnen und Ablesen des Winkels.

Ganze Länge: Grösstes Projectionsmaass. Messbrett.

Trochanterenlänge: Vom höchsten Punkte des Troch. maj. zum tiefsten Punkte der Condylen. Messbrett.

Ganze Länge in natürlicher Stellung: Beide Condylen berühren die verticale Wand des Messbrettes; der Winkel wird an den höchsten Punkt des Kopfes angelegt.

Trochanterenlänge in natürlicher Stellung: Gleiche Orientirung, höchster Punkt des Troch. maj.

Tibia:

Retroversionswinkel: Man verfertigt sich eine projectivische Zeichnung der Tibia von ihrer lateralen Fläche her; auf dieser legt man einen Querdurchmesser durch die Diaphyse circa 1 bis 2 cm (je nach Länge und Stärke des Knochens) unterhalb der Tuberositas tib. Der Längsdurchmesser verbindet die Mitte des Querdurchmessers mit dem tiefsten Punkte des Malleolus int. Die Richtung der Articulationsfläche wird durch eine Tangente an den äusseren Rand der medialen Superficies articularis bestimmt. Im Schnittpunkte beider Linien errichtet man senkrecht auf die Tangente eine Gerade und misst den Winkel.

Inclinationswinkel: Man bestimmt die mechanische Axe der Tibia, die den Mittelpunkt der medialen oberen Gelenkfläche mit demjenigen der unteren (auf der seichten Crista ant. post. derselben gelegen) verbindet. Im Schnittpunkte dieser Geraden mit der Tangente errichtet man auf ersterer eine Senkrechte und misst den Winkel. Näheres findet sich bei Manouvrier: Mém. Soc. Anthr., Paris, 2. Sér., Vol. IV, p. 282.

Curve des Condylus ext.: Man lege einen schmalen Streifen dünnen Bleibleches durch den Mittelpunkt der äusseren Gelenkfläche in sagittaler Richtung, presse ihn genau an, hebe ihn sorgfältig ab und zeichne ihn auf Papier nach.

Transversaldurchmesser des Querschnittes in der Höhe des Foramen nutritium. Gelenkzirkel. Sagittaler Durchmesser: wie der obige.

$$\text{Index cnemicus} = \frac{\text{Transversaler Durchmesser} \times 100}{\text{Sagittaler Durchmesser}}$$

Breite der oberen und unteren Epiphyse: Projectionsmaass. Grösste transversale Ausbildung. Schiebezirkel.

Ganze Länge: Projectionsmaass. Messbrett. Das Maass enthält nicht die Eminentia intercondyl., jedoch den Malleolus.

Fibula. Ganze Länge: Maximalmaass. Messbrett.

Fuss. Ganze Länge: Von der Spitze der zweiten Endphalanx bis zum hintersten Punkte des Calcaneus. Stangenzirkel.

$$\text{Tibio-femoralindex} = \frac{\text{Tib.-Länge} \times 100}{\text{Fem.-Länge}}$$

$$\text{Extremitätenindex} = \frac{\text{Hum.} + \text{Rad.-Länge} \times 100}{\text{Fem.} + \text{Tib.-Länge}}$$

$$\text{Femoro-humeralindex} = \frac{\text{Hum.-Länge} \times 100}{\text{Fem.-Länge}}$$

B) Muskelsystem.

Das Muskelsystem der fünf Alakaluf, deren Skelette ich im Vorausgehenden beschrieben habe, ist leider keiner wissenschaftlichen Untersuchung unterzogen worden, doch hat vor Kurzem Prof. Testut[1]) die Resultate veröffentlicht, die er aus der Präparation eines erwachsenen Jaghan und eines einjährigen Kindes des gleichen Stammes gewonnen hatte, und ich will im Folgenden, so dürftig einstweilen unsere myologischen Kenntnisse der Feuerländer auch sind, der Vollständigkeit wegen die interessantesten Varietäten kurz erwähnen.

Mit den Muskeln des Stammes beginnend, ist zuerst die starke Entwickelung des M. pectoralis major zu erwähnen. Die beiderseitigen Muskeln vereinigen sich, bei beiden untersuchten Individuen einerseits eine lange Strecke weit auf dem Sternum und bilden andererseits mit dem M. deltoides zusammen ein einheitliches System. Die Vena cephalica ist getheilt: ein Ast läuft normal unter der Clavicula zur Vena subclavia, ein zweiter aber nimmt seinen Weg über dem Schlüsselbein und tritt in Verbindung mit der Vena jugularis ext. Auch der M. pectoralis minor dehnt sich auf der einen Seite seinen Ursprung von der zweiten bis sechsten Rippe aus, während links sich an den typisch gebildeten Muskel noch ein M. pectoralis quartus anschliesst. Bei dem Kinde war der M. pectoralis min. noch durch einen M. pectoralis tertius verstärkt.

Neben einem stark entwickelten M. subclavius findet sich noch ein überzähliger Clavicularmuskel, der sog. M. sterno-scapularis (Ehlers), der auch beim Europäer als seltene Varietät vorkommt.

Der M. latissimus dorsi besitzt an seinem oberen Rande noch ein breites, scapulares Bündel, das völlig getrennt ist vom M. teres maj., während seine unteren Fasern ihren Ursprung so weit gegen die Spina iliaca ant. sup. ausdehnen, dass das Trigonum Petiti auf der einen Körperseite ganz zum Verschwinden gebracht wird. Letzteres ist auch an der kindlichen Leiche der Fall, bei welcher sich ausserdem zwei kleine überzählige Bündel fanden, die Testut ihrer Lage nach als Reste des Panniculus carnosus beansprucht.

Der M. levator scapulae ist bei beiden Individuen viel mächtiger, als wir ihn beim Europäer gewöhnlich finden; seine Ursprungsbündel sind mit der oberen Partie des M. serratus post. sup. ganz verschmolzen und trennen sich etwas oberhalb in sechs, statt in vier Bündel, von welchen die beiden letzten am fünften und sechsten Cervicalwirbel inseriren. Die Entwickelung der M. serrati post. sup. und inf. weicht wenig von der bei uns häufigsten Ausbildung ab und es besteht keinerlei Uebergang, sondern nur eine dünne Aponeurose zwischen den beiden Muskeln.

Der M. pyramidalis fehlte in beiden Fällen beiderseits, auch M. psoas min. war nur auf der einen Seite durch ein 4 cm langes, in die Fascia iliaca übergehendes Bündel vertreten.

[1]) Vergl. Lit. 27, S. 61 ff.

Von den **Halsmuskeln** ist besonders die geringe Entwickelung des Platysma myoides zu erwähnen, während der M. sterno-cleido-mastoideus eine Verdoppelung aufweist, die auch schon bei Europäern beschrieben wurde.

Die M. scaleni besitzen ausser ihrer typischen Ausbildung noch zwei secundäre Bündel, von denen das eine, der sog. M. scalenus intermedius, bei den Anthropoiden normal vorkommt und auch bei einem Buschmann constatirt worden ist.

Der M. biventer, dessen vorderer Bauch drehrund und doppelt so dick ist, wie beim Europäer, lässt den M. stylo-hyoideus undurchbohrt und ist vor demselben am Os hyoides aponeurotisch befestigt. Auch der M. geniohyoideus besitzt einen dreimal so starken Muskelbauch, als wir ihn bei uns finden.

Von der **Kopfmusculatur** sind die Kaumuskeln, vor allem der M. masseter stark entwickelt, während die Muskeln des Gesichtes mehr in einander übergehen und nur schwer als isolirte Muskeln darzustellen sind.

Was die **Muskeln der oberen Extremität** anlangt, so findet sich bei beiden Individuen in Verbindung mit dem normalen M. subscapularis ein M. subscap. secundus, der beim Menschen selten ist, dagegen sich bei einer grossen Zahl von Säugern findet. Der M. biceps hat links einen dritten Kopf, welcher wie beim Europäer, häufig zwischen dem M. coraco brachialis und brachialis int. entspringt. Der M. anconaeus long. zeigt hinsichtlich seines Ursprungsgebietes, das sich von der Tub. infraglenoidalis längs des unteren Scapularrandes bis zum M. teres maj. hin ausdehnt, eine durchaus pithecoide Ausbildung. An dem linken Vorderarm besitzt der M. flexor dig. prof. zwei überzählige Bündel, vom Epicondylus ulnaris und dem Proc. coronoid. entspringend, die sich bei einer Reihe von Säugern normal vorfinden. Dagegen ist der M. flexor pollicis longus, wie beim Europäer, vollständig von dem vorgenannten Muskel getrennt.

Die Muskeln der Hand, besonders die M. lumbricales sind durchweg stark entwickelt.

An der **unteren Extremität** ist der innige Zusammenhang der einzelnen M. glutaei und ein überzähliges Bündel am Unterarm des M. glut. max. — ein Homologon des M. ischio-femoralis gewisser Simier — bemerkenswerth. Der M. adductor magnus ist in drei Portionen getheilt und gut ausgebildet. Die Endsehne des M. tibialis anticus ist unten in zwei Aeste gespalten, von denen der vordere auf dem Metatarsale I, der hintere auf dem Cuneiforme I sich inserirt. Der M. peroneus tertius ist bei dem Erwachsenen nur durch eine dünne Sehne vertreten, während er bei dem Kinde beiderseits ganz fehlte. An der Hinterfläche sind M. gastrocnemius und Soleus relativ dünn und schlank, keine der Endsehnen des M. plantaris erreicht die tendo Achillis oder den Calcaneus. Bei dem kleinen Kinde besitzt der M. peroneus longus ausser seiner normalen Insertion am Metatarsale I noch eine zweite, beim Menschen äusserst seltene Anheftungsstelle am proximalen Ende des Metacarpale V. Der M. extensor hallucis brevis ist bei beiden Individuen vollständig von dem M. extens. dig. brevis getrennt und erinnert durch diese Bildung an ein bei allen Affen normales Verhalten. Der M. abductor hall. bildet mit dem M. flexor hall. brevis eine einheitliche Muskelmasse, die eine grössere Selbständigkeit der grossen Zehe gestattet.

Was schliesslich die Beobachtung der Musculatur am Lebenden anlangt, wie sie von den verschiedenen Reisenden beschrieben wird, so kann ich mich nach dem Vorhergehenden darauf beschränken, anzuführen, dass einstimmig die kräftigen Muskeln von Schulter und Oberarm im Gegensatz zu den mageren und schmächtigen Beinen hervorgehoben werden. Obwohl im Lande bei den relativ ungünstigen Nahrungsverhältnissen der Panniculus adiposus gering zu sein scheint, nahm derselbe bei den nach Europa gebrachten Frauen unter den neuen Bedingungen beträchtlich zu, während die beiden Männer bei der Section ein nur spärliches, dunkelockergelb gefärbtes Unterhautfett besassen. Böhr[1] hebt die Fettleibigkeit der Frauen im Gegensatz zur Magerkeit der Männer hervor und Hyades[2] bestätigt die an den Alakaluf in Europa gemachte Erfahrung, dass einige Tage guter Ernährung hinreichen können, einen beträchtlichen Panniculus adiposus zu entwickeln. Die Ablagerung des Fettes geschieht aber weniger in der Bauchregion wie beim Europäer, sondern mehr im Gebiete der Brust und des Rückens.

C) Darmsystem.

Ueber die Respirations- und Nutritionsorgane der Feuerländer vermag ich leider nur wenige Angaben zu machen.

Die Zunge, die mir nur von Fr. C. vorliegt, ist kurz und breit; die sämmtlichen Papillae fungiformes sind ziemlich zahlreich, doch fehlt an der Unterseite die Plica fimbriata, wie es scheint, vollständig.

Der Kehlkopf ist am Lebenden, soviel ich weiss, leider nicht untersucht worden; an dem mir vorliegenden aufgeschnittenen Organe lässt sich nur noch erkennen, dass er im Grossen und Ganzen dem europäischen und nicht dem negroiden Typus entspricht. Die Ventriculi Morgagni wenden sich, wie beim Europäer, nach aussen, mit ziemlich hoher Ausbuchtung nach oben.

Die Lunge der Feuerländer ist gross, im Ganzen pigmentarm, wohl im Zusammenhange mit dem Aufenthalte in staubfreier Luft, jedoch in Form und Lappung mit den europäischen Verhältnissen übereinstimmend.

[1] Lit. 5, S. 30.
[2] Lit. 27, S. 122 u. 147.

Das Herz zeigte bei keinem der untersuchten Individuen etwas Bemerkenswerthes.

Der Magen von C. maass vom Fundus bis Pylorus 28 cm. Bei Fr. C. fand Seitz keine auffallenden Differenzen in Grösse und Form von dem europäischen, während v. Bischoff[1]) den Magen von L. als relativ kurz und klein beschrieb. Mässig mit Wasser angefüllt, fasste er 1800 ccm, für den Europäer wird als mittlerer Cubikinhalt 3750 ccm angegeben.

Da die Gesammtlänge des Darmcanals einerseits von der Qualität der Nahrung (animalische oder vegetabilische), andererseits von der Körpergrösse des Individuums resp. der Rasse abhängt, wäre es interessant gewesen, sämmtliche Individuen darauf hin zu untersuchen; leider besitzen wir aber nur diesbezügliche Angaben über zwei Frauen und einen Mann.

Die Länge des ganzen Darmcanals beträgt für C. 1180 cm, für Fr. C. 1047 und für L. 1071, im Mittel für die ♀ = 1059 cm, jedenfalls also im Ganzen mehr als das europäische Mittel, das von Sappey auf 960 cm und von v. Bischoff auf 972 cm angegeben wird. Wenn wir ausserdem die kleine Statur der Feuerländer in Betracht ziehen, so wird die Differenz noch grösser und es verhält sich die Länge des Darmcanals zur Körperlänge wie 1 : 7,3 (C.) oder wie 1 : 6,6 (L.), während beim Europäer erstere im Mittel das Fünffache der letzteren ist. Es besteht also thatsächlich eine bedeutende Differenz zwischen den beiden Typen in dem Sinne, dass die Darmlänge der Feuerländer im Verhältniss zur Körpergrösse bei Weitem grösser ist, als beim Europäer. Ob dies auf die fast ausschliessliche, animalische Ernährung jenes Stammes zurückgeführt werden darf, lasse ich einstweilen dahingestellt. Zum Vergleich möchte ich noch beifügen, dass Chudzinski[2]) als Mittel aus neun Negern eine Darmcanallänge von nur 886 cm bei einer mittleren Körpergrösse von 166 cm gefunden hat: ein Werth, der von den Feuerländern also weit übertroffen wird. Die Gesammtlänge vertheilt sich auf die einzelnen Darmtheile in folgender Weise:

Individuen	Duodenum cm	Jejunum + Ileum cm	Dickdarm cm
C.	20	980	180
Fr. C.	30	850	167
L.	35	800 (?)	236[3])

Der Processus vermiformis war bei den drei Individuen je 10, 12 und 11 cm lang und ging nicht trichterförmig, sondern mit plötzlichem Absatz vom Coecum aus. Nach den Untersuchungen an L. war die kegelförmige Gestalt des Darmrohres deutlich ausgesprochen: es maass der Querdurchmesser des plattgelegten Duodenums 4,5 cm, des Ileumendes 3,5 cm; derjenige des Colons 8,5 cm und des Rectums 5 cm. Bei sämmtlichen Individuen bedeckte das Omentum maj. die Darmschlingen bis ganz oder annähernd zur Symphyse. Im Grossen und Ganzen sollen die frischen Därme etwas dunkler gefärbt gewesen sein als bei Europäern.

Die Leber, die ja auch beim Europäer grosse Variation in Form und Gewicht zeigt, bietet bei den Feuerländern keine besonders bemerkenswerthe Bildung, nur die allgemeine flache und breite Form des Organes ist bemerkenswerth. Individuell zeigt sie ein hohes Gewicht: für H. 2620 g, eine Zahl, die den Werth bei Europäern (nach Krause 1871 g, nach Frerichs 0,8 bis 2,1 kg) bei Weitem übertrifft. Der Transversaldurchmesser beträgt im Mittel ca. 32 cm, der Tiefendurchmesser ca. 22 cm, gegenüber einem europäischen Mittel von 28 resp. 20 cm (Sappey). Ein v. Bischoff beschriebener länglicher Anhang an der Unterfläche des Lobus quadratus konnte ich auch an der Leber von C. in Form eines keilförmigen, secundären Lappens constatiren.

Das Pankreas hat die gleiche Form, wie beim erwachsenen Europäer: es ist bei sämmtlichen drei Feuerländern 20 cm lang, 3,5 cm breit und 1,5 bis 2 cm dick.

Die Milz der Feuerländer ist von der typischen Form, häufig gelappt und mit starken Kerbungen an der Margo crenatus, im Ganzen jedoch klein. Ihre Länge variirt zwischen 10 und 13,5 cm, ihre Breite zwischen 5,5 und 9 cm.

D) Geschlechtsorgane und Nieren.

Die äusseren männlichen Genitalien (C.) zeigen nichts Auffallendes. Bemerkenswerth ist vielleicht die starke Pigmentirung von Penis und Scrotum, die noch etwas intensiver ist, als Nr. 41 der Broca'schen Farbentafel, jedoch finden sich auch einige pigmentarme, erdfarbige Stellen. Ueber dem Penis und unten am Scrotum herum befindet sich eine mässige Behaarung aus schlichten, ca. 5 cm langen Haaren bestehend. Der Penis ist relativ kurz, nur 7 cm lang, drehrund und ca. 27 mm dick. Die Glans ist ganz vom Praeputium bedeckt. Nach Hyades ist die mittlere Länge des Penis 77 mm; eine Länge von 80 mm kommt am häufigsten

[1]) v. Bischoff, Lit. 4, S. 363.
[2]) Revue d'Anthropologie, 3. Sér., Vol. II, p. 278.
[3]) Ueber die Gewinnung dieses auffallend hohen Werthes vgl. v. Bischoff, Lit. 4, S. 365.

vor. Der Dickendurchmesser variirt von 29 bis 34 mm. Auch er fand die Glans in den meisten Fällen ganz umschlossen von der Vorhaut.

Was die weiblichen Genitalien betrifft, so stelle ich den Befund bei Fr. C. einer allgemeinen Beschreibung voraus. Die äusseren Geschlechtstheile der multiparen, etwa 40 Jahre alten Frau sind ca. 8 cm lang, fast gänzlich unbehaart; nur auf dem schwach entwickelten Mons Veneris und bis zur Mitte der grossen Labien stehen spärliche dünne Härchen. Die Länge vom Unterrande des Praeputium bis zum Frenulum labiorum beträgt 55 mm. Die grossen Labien sind äusserst schwach entwickelt, flach, ca. 10 mm breit, bilden hinten ein ziemlich grosses Frenulum pudendi, gehen jedoch vorn in das Integument des Mons Veneris über, so dass es nicht zur Bildung einer Commissura ant. kommt. Die kleinen Labien ragen bei geschlossener Rima etwas über die grossen Lippen hervor, sie sind von conischer Form, verschieden gross: die linke dünner und länger, die rechte kürzer und fettreicher. Nach unten enden sie, langsam abnehmend, ca. 8 mm oberhalb des Bodens der Fossa navicularis, nach oben theilen sie sich in drei Lamellen, von denen die mächtigste lateral gelegen, direct nach oben gerichtet, in der Höhe des Praeputium verstreicht und nur durch eine mässig tiefe Furche von den grossen Labien getrennt ist. Die beiden medialen Lamellen entsprechen denjenigen der Europäerinnen, indem die innere zum Frenulum clitoridis, die äussere zum Praeputium wird.

Die Clitoris ist klein, doch ragt die Glans etwas hervor. Die Harnröhrenöffnung ist relativ gross: einerseits in gleicher Höhe mit ihr, andererseits 6 mm unterhalb liegen zu beiden Seiten die Mündungen von Blindsäcken, die eine Tiefe bis zu 6 mm besitzen. In solcher Anordnung und Grössenentwickelung, der auch das Lumen der Mündung entspricht, konnte ich sie bei Europäerinnen nicht constatiren. Deutliche Carunculae myrtiformes begrenzen seitlich den Introitus vaginae. Bei den Kindern fanden Seitz und Hyades Hymen mit rundlicher, central gelegener Oeffnung. Die Pigmentirung der äusseren Scham ist intensiv und erstreckt sich noch weit auf die innere Fläche der kleinen Labien.

Die Länge des Dammes beträgt 29 mm. Das Charakteristische für die äussere Scham der Feuerländerin, in dem alle Angaben übereinstimmen, besteht also in fast völligem Mangel der Behaarung, flachen Labia majora, rudimentärer Clitoris, mittelgrossen Labia minora mit dreifacher Lamellenbildung nach oben und vielleicht in dem eigenthümlichen System von Blindsäcken um die Harnröhrenöffnung. Interessant ist es, dass auch v. Bischoff[1]), der die Genitalien von L. untersuchte, sowohl jene Dreitheilung der Labia minora, wenigstens auf einer Seite vorfand, als auch eine Taschenbildung zu beiden Seiten der Urethramündung beschrieben hat. Hyades allerdings erwähnt von diesen beiden Bildungen nichts.

Die Vagina von Fr. C. ist 8 cm lang; die hinteren Columnae rugarum sind geglättet, die vorderen jedoch, besonders unterhalb der Harnröhrenmündung, stark entwickelt und prominent.

Der Uterus ist 7,5 cm lang und 2,5 cm dick, etwas abgeplattet, jedoch im Ganzen von der Form der Europäerin. Das aufgeschnittene Organ zeigte, dass die Wandung im Fundus fast ebenso dick ist, wie an der vorderen und hinteren Fläche. Der Dickenunterschied beträgt 6 bis 16 cm. Hennig[2]) legt auf diesen Befund deshalb einen grossen Werth, weil die Uterusmusculatur des Fundus zum Nachdrücken bestimmt ist, und er aus seiner, im Gegensatz zu unseren Städterinnen, starken Ausbildung das leichte Gebären der Naturvölker erklären möchte. (?)

Die Portio vaginalis ragt kaum vor, besitzt eine glatte Oberfläche; beide Lippen sind nur schwach gegen die Scheidenwände zu abgegrenzt.

Der rechte Eileiter (bis zum Ende der Fimbrise) ist in gestrecktem Verlauf 13,8 cm, der linke 11,2 cm lang. Die Ovarien sind 4,2 resp. 4,3 cm lang, durchschnittlich 1 cm dick und 1,8 bis 2,2 cm hoch. Die Oberfläche zeigt mehrere alte Narben, an den Hinterflächen beider Ovarien befindet sich ein tiefer Einschnitt, der am linken die ganze Höhe einnimmt und den Eierstock fast in zwei Theile zu theilen scheint. Schwarz pigmentirte Stellen, wie sie v. Bischoff bei K. und L. beschrieben, konnte ich bei Fr. C. nicht finden; jedoch bestehen am rechten Ovarium auch eine Anzahl älterer membranöser Anhänge, wie sie auch bei jenen beiden anderen Individuen in noch grösserem Maasse vorkommen. Während bei Fr. C. und L. die Ovarien die für Europäerinnen gewöhnliche Grösse besitzen, ist der linke Eierstock von K. äusserst lang gestreckt (9,2 cm lang, platt und relativ niedrig).

Die Brüste sind bei den Multiparen schlaff herabhängend und runzelig; bei jugendlichen Individuen sind sie rund und leicht conisch. Nach der Angabe Hyades'[3]) differiren sie ganz von der mongolischen Form.

Zum Schlusse noch ein Wort über die Nieren. Dieselben sind ungewöhnlich gross, wie aus der folgenden Tabelle, welche die Maasse von C. und Fr. C., sowie zum Vergleich die Mittelwerthe von Europäern (Sappey) und von Negern (nach Chudzinski[4]) enthält, hervorgeht:

Neben der absoluten Differenz besteht auch beim Feuerländer die gleiche bilateralsymmetrische Verschiedenheit, wie beim Europäer: es ist nämlich im ♂ Geschlecht stets die linke Niere länger als die rechte, während beim ♀ das umgekehrte Verhältniss stattfindet. Auch die Nebennieren sind entsprechend den Nieren vergrössert.

[1]) v. Bischoff, Lit. 4, S. 356.
[2]) Hennig, Archiv f. Anthropologie, Bd. XVI, S. 214.
[3]) Hyades, Lit. 27, S. 148.
[4]) Chudzinski, l. c. S. 285.

Typus	Länge				Breite			
	♂		♀		♂		♀	
	rechts	links	rechts	links	rechts	links	rechts	links
Feuerländer	140	156	160	150	90	85	80	80
Europäer	122	124	123	121	69	67	68	70
Neger	114	118	108	113	59	60,5	62,2	62,5

E) Gehirn.

Ueber die beiden mir vorliegenden Feuerländergehirne hat bereits Dr. J. Seitz eine gründliche Studie veröffentlicht [1]), so dass ich auf jene Arbeit verweisen muss und mich hier darauf beschränken kann, das Wesentlichste mitzutheilen, um so mehr, als meine Nachuntersuchung jene Befunde nur bestätigen kann [2]).

Nach den Angaben v. Bischoff[3]) beträgt das Gewicht der frischen Gehirne mit Arachnoidea und Pia mater bekleidet von H. 1420 g (Ziegler 1408 g), von G. 1335, L. 1340; für C. und Fr. C. hat Seitz dieses Gehirngewicht nach der Schädelcapacität auf 1631 g und 1307 g berechnet, während die in Chlorzinklösung und Alkohol gehärteten und der Pia entkleideten Gehirne 1165 resp. 1015 g wogen.

Danach erhalten wir für die Feuerländer ein mittleres Gehirngewicht (frisch) von 1406 g (♂ = 1525, ♀ = 1327). Absolut genommen stellt dieses Gewicht die als halbthierisch verschrieenen Pescheräh an die Seite der Europäer und relativ zur Körpergrösse ist das Verhältniss eher noch ein günstigeres. Unsere ♂ Feuerländer haben bei einer mittleren Körpergrösse von 161 cm ein Gehirngewicht von 1525 g; die ♀ Individuen ein solches von 1327 g bei einer Körpergrösse von 151 cm. Aus den Tabellen Broca's [4]) geht aber hervor, dass von ♂ Europäern mit einer mittleren Grösse von 161 cm nur 5,8 Proc. ein Hirngewicht von 1500 bis 1600 g besitzen, und von europäischen Frauen mit der gleichen Statur unserer Feuerländerinnen erreichen nur 13 Proc. ein Gehirngewicht von 1300 bis 1400 g. Auf der anderen Seite beträgt das Gehirngewicht der Polynesier, die nach den Angaben von Dr. Clavel im Mittel 175 cm gross sind, nur 1380 g, also bedeutend weniger als bei den Feuerländern.

Was den Windungstypus anlangt, so konnte Seitz keinerlei Bildungen finden, die dazu berechtigten, diese Gehirne als inferior zu bezeichnen: „sie stehen auf gleicher Höhe, wie die gewöhnlichen Europäergehirne" [5]).

Auf einige wenige Punkte möchte ich noch kurz eingehen. Die Insula Reilii, die ich an der linken Hemisphäre von Fr. C. freigelegt habe, erscheint langgestreckt; der Sulcus Insulae verläuft in ziemlich spitzem Winkel nach hinten oben. Die Dreitheilung der Insula anterior ist stark ausgesprochen; der Gyrus brevis I ist pyramidenförmig mit breiter Basis nach oben, während der Gyrus II und III in Gestalt langgestreckter Kegel sich ihm anlegen und nach vorn unten gegen das Limen Insulae convergiren.

Der Gyrus transversus, der von der Insula ant. nach unten und medianwärts umbiegt und in die untere Frontalwindung übergeht, ist stark ausgebildet. Die Insula post. besteht aus einem langgestreckten Gyrus longus, der, soweit ich sehe, ohne gabelige Theilung nach vorn verläuft und an der Spitze des Temporallappens an dessen Aussenfläche tritt.

Ferner hat Seitz auf die bis jetzt selten beobachtete Ueberbrückung des Sulcus centralis aufmerksam gemacht, die sich in der rechten Hemisphäre von Fr. C. findet und die direct oberhalb der Sylvischen Spalte eine Communication zwischen vorderer und hinterer Centralwindung herstellt. Was den Gyrus front. inf., die Broca'sche Sprachwindung, anlangt, so zeigt dieselbe eine Grössenentwickelung, die derjenigen bei selbst hochgebildeten Europäern nicht nachsteht.

Der Sulcus occipitalis transv. ist von normalem Volumen, wie überhaupt die Furchung des Hinterhauptslappens, die auch bei Europäern typische Variation aufweist. Bezüglich der Richtung der Scheitelfurche und der hier auftretenden Bedenken muss ich auf die ausführliche Arbeit von Seitz verweisen.

[1]) Seitz, Lit. 49, S. 237 ff.
[2]) Eine Beschreibung der Gehirne der drei übrigen Individuen, die sich zur Zeit in München befinden, werde ich später folgen lassen, wenn mir dieselben zugänglich sind.
[3]) v. Bischoff, Lit. 4, S. 368.
[4]) Manouvrier, Mém. de la Soc. d'Anthropologie de Paris, 2. Sér., Tom. III, p. 250.
[5]) l. c. p. 267.

F) Integument.

Die Haut der Alakaluf ist röthlichbraun, gemischt mit einem blassen und schmutzigen Schwarz [1], doch kommen individuelle Variationen in dem Sinne vor, dass das Schwarz bei den Magern und Alten, das Röthlich-braun dagegen bei den Fetteren und Jüngeren überwiegt. Böhr [2] bezeichnet die von ihm gesehenen Männer als hellschmutzigbraun, Essendorfer [3] einige andere Individuen als hellbraun mit einzelnen mehr graugelblichen Stellen, namentlich im Gesicht, wohl unter dem Einflusse der Kälte (?). Wie man sich noch an der, lange Zeit in Alkohol aufbewahrten Haut überzeugen kann, rührt der schwarze Ton an manchen Körperstellen nicht vom Pigment, sondern von einem Schmutzbelag her, der den röthlichen Ton fast ganz verdeckt, nur an den Genitalien z. B. herrscht ein Pigmentschwarz entschieden vor. Virchow [4] hat die ver-schiedene Nuancirung einzelner Körperpartien hervorgehoben; so ist besonders die Brust, obwohl meist von dem Guanacofell bedeckt, dunkler als das Gesicht, auch Arme und Beine sind dunkler gefärbt, während Handteller und Fusssohlen stets heller sind. Der verschiedenen individuellen Färbung entsprechend, trat bei den fünf Alakaluf auch das Masernexanthem in verschiedenem Grade hervor. Bei den Kindern und der ziemlich fettreichen Liese war die röthliche Fleckung deutlich erkennbar, während bei dem dunkelsten Individuum statt der Röthung eine etwas vermehrte Schwarzfärbung (mit darüber liegenden weissen Epithel-schilfern) auftrat. Auch blieb bei einigen Individuen an Stelle der rothen Masernflecken eine dunklere Pig-mentirung der Haut dauernd zurück. Ueber das Vorkommen von Naevi, Lentigines, Ephelides etc. vergl. Virchow, l. c. 389 und Hyades, l. c. 156.

Manouvrier [5] hat die Hautfarbe unserer Alakaluf mit den etwas hellen Tönen Nr. 29 und 30 der Broca'schen Farbentafel verglichen. Auch Hyades beobachtete an seinem lebend untersuchten Jahgan eine ziemlich helle Färbung, besonders bei den Frauen, und giebt als häufigste Töne für diese letzteren Mischungen der Nrn. 25 und 26, 25 und 32, 26 und 32, für die ♂ solche der Nrn. 26 und 33, 26 und 32 und 30 und 32 an. Derselbe Reisende hat uns auch einige interessante Thatsachen über die Hautfarbe in den ver-schiedenen Lebensaltern mitgetheilt, aus denen hervorgeht, dass die Kinder bis zum fünften Jahre durch-schnittlich so hell sind wie europäische. Erst von dieser Zeit an mischt sich ein röthlicher Ton bei und mit dem 11. Jahre beginnt sich eine rothbraune Färbung auszubilden, die bei den Erwachsenen vorherrscht. Die Pigmentirung der Haut nimmt also mit dem Alter zu. Auf mikroskopischen Schnitten, die ich durch ein Stück Bauchhaut in der Gegend des Nabels (Fr. C.) legte, zeigte sich das Stratum mucosum mit Pigment-körnern überladen und in einem ähnlichen Präparat, das ich der Güte meines Freundes Dr. Ad. Meyer in Chicago verdanke und das schon vor Jahren angefertigt wurde, sieht man deutlich, dass die Pigmentirung auch tief in die Haarwurzelscheiden hinabreicht. Dies stimmt auch mit v. Bischoff's [6] Erfahrungen überein, und die Behauptung Wilke's [7], dass sich in der Haut der Feuerländer kein Pigment befinde, sondern dass ihre Färbung durch den aufgelagerten Schmutz und das Durchscheinen der Blutgefässe durch eine sehr dicke Ober-haut hervorgebracht wird, dürfte als endgültig widerlegt gelten.

Abgesehen von der Färbung, zeigt die Haut als wesentlichste Merkmale eine gewisse Glätte und Weich-heit, die mit einem fast gänzlichen Mangel der Behaarung Hand in Hand geht. Im histologischen Bau scheint dieselbe von demjenigen der Europäer nicht besonders abzuweichen, wenigstens zeigten die durch die Bauch-haut angefertigten und gefärbten Schnitte keine differenten Bilder [8].

v. Bischoff hat auf die Spärlichkeit der Schweiss- und Talgdrüsen, sowie auf die geringe Dicke von Epidermis und Corium der Rückenhaut aufmerksam gemacht, dem stehen aber Angaben von Nicolas und Hyades gegenüber, die eine starke Schweisssecretion bei relativ geringer Anstrengung häufig beobachteten.

Ueber die Temperatur der Haut existiren widersprechende Angaben; während die Haut unserer Alakaluf einstimmig als warm anzufühlen beschrieben wird, erwähnt Prichard [9], dieselbe sei merklich kälter als die unsrige.

Es dürfte schliesslich noch erwähnt werden, dass Tättowirung der Haut, wie überhaupt alle ethnische Deformation bei den Feuerländern fehlt, doch glaube ich nicht, dass diese Thatsache bei der Frage der Rassenverwandtschaft schlechterdings verwandt werden darf.

Das Haar unserer Feuerländer ist schwarz, hier und da mit einem leichten bräunlichen Ton, am meisten den Nrn. 41 und 48 der Broca'schen Farbentafel entsprechend. Bei den älteren Individuen befinden

[1] Seitz, Lit. 48, S. 155 u. 56.
[2] Lit. 5, S. 30.
[3] Lit. 18, S. 60 bis 63.
[4] Lit. 57, S. 389.
[5] Lit. 35, S. 763.
[6] Lit. 4, S. 347.
[7] Waitz, Lit. 58, Vol. III, p. 491.
[8] Es darf nicht verschwiegen werden, dass die Haut in Folge der langen Aufbewahrung in schwachem Alkohol ge-litten hat, so ist z. B. der Epithelbelag überall abgewaschen und das Pigment zum Theil extrahirt.
[9] Prichard, Lit. 43, Tom. V, p. 496.

sich einzelne hellblonde (Nr. 47) Haare unter den schwarzen. Der Querschnitt der Kopfhaare ist fast oder ganz kreisrund und entspricht am meisten den Querschnitten einer Aymaramumie oder eines Guarani, die Pruner-Bey[1]) abgebildet hat. Auf einer Reihe von Schnitten konnte ich nicht eine einzige ovale oder kantige Form finden. Die Rindensubstanz ist stark pigmentirt und stellt so eine breite, dunkel gefärbte Zone dar, die einen hellen Kern — die Marksubstanz — umgiebt. Im Allgemeinen ist das Haar gerade und straff[2]), wenn auch nicht so grob, wie dasjenige der mongolischen Rasse; auf dem Kopf reichlich und ziemlich lang, fehlt es am Körper fast ganz, so dass wir die Feuerländer unter die behaarungsärmsten Rassen stellen müssen. Auch die Pubishaare sind gerade und bilden keine Spiralen. Die spärlichen Barthaare der Männer werden künstlich entfernt, ebenso vielleicht die Augenbrauen[3]), während man sicher weiss, dass die Achsel- und Schamhaare der Frauen von Natur fast gänzlich fehlen. Die Implantation der Stirnhaare reicht dagegen weiter gegen die Nasenwurzel herab, als beim Europäer.

Auch die Flaumbehaarung ist so dünn und kurz, dass man sie kaum gewahr wird; nur die beiden älteren Männer hatten reichlichere Haare an den Waden. Hyades[4]) constatirte an einem Neugeborenen eine starke Behaarung, selbst auf der Stirn, an den Schläfen und an der Ohrmuschel, die bisweilen eine Länge von 20 mm erreichte.

Die Art und Weise der Einpflanzung der Haare in die Kopfhaut ist dieselbe wie beim Europäer.

Die ganze Bildung der Haare, sowie ihre feinere Structur, Querschnittsform etc. ist bei den Feuer-ländern fast die gleiche, wie wir sie überall auf dem grossen amerikanischen Continent finden, während sie sich von derjenigen der ostasiatischen Mongolen verschieden erweist[5]).

G) Sinnesorgane.

Die Augen der Feuerländer sind im Ganzen klein, die Farbe der Iris ist bei sämmtlichen Individuen ziemlich gleichmässig dunkelbraun und entspricht den beiden dunkelsten Nüancen der Broca'schen Farben-tafel (Nr. 1 und 2). Die Sclerotica ist weiss, das Auge gewöhnlich glänzend und von ernstem, scheuem oder lauerndem Ausdruck.

Durch den schmalen Schlitz, der zwischen den Lidern bleibt, erscheinen die Augen noch kleiner[6]).

Die Länge der Lidspalte beträgt nach Virchow 63 mm[7]), die äusseren Augenwinkel stehen bei einigen Individuen etwas nach oben, jedoch ist das Auge nicht schief geschlitzt[8]). Eine Plica falciformis kommt nicht vor. Durch die Breite des Nasenskelets stehen die Augen weit von einander ab. Die Distanz der inneren Augenwinkel beträgt im Mittel 39 mm, ein selbst von Negern nicht erreichter Werth. Hyades[9]) giebt für die Jahgan ein Mittel von 35 mm an, eine Zahl, die immer noch als sehr beträchtlich bezeichnet werden muss.

Ueber die optischen Verhältnisse der Augen der Alakaluf hat uns Seggel[10]) berichtet. Aus seinen Untersuchungen geht hervor, dass sämmtliche acht Feuerländer unbedingt emmetropisch, d. h. normalsichtig und mit guter Sehschärfe ausgerüstet waren, der Augenhintergrund erschien in Folge eines dichten Pigment-stratums sehr dunkelroth.

Ueber den Bau des Gehörorganes ist nichts bekannt. Seitz beschreibt die Ohrmuschel als zierlich und erwähnt am Helixrande einen deutlichen, aber nicht gerade stark vorspringenden Punkt, vermuthlich das Tuberculum Darwinii. Nach Virchow[11]) beträgt die gerade Länge des äusseren Ohres im Mittel 60,6 mm (♂ = 61. ♀ = 57). Das Ohrläppchen ist ganz angewachsen oder nur wenig abgesetzt. Auch Hyades er-wähnt den häufigen Mangel (denn um einen solchen handelt es sich wohl) dieses letztere, bezeichnet aber die Ohren im Allgemeinen als gross. Sogenannte „Oreilles pointues" (Darwin'sche Spitze oder Satyrohr?) fand er unter acht Fällen dreimal in schwacher, zweimal in deutlicher Ausbildung[12]).

---

[1]) Pruner-Bey, Memoirs de la Société d'Anthropologie de Paris, Sér. 1, Tom II, Planche 1, Nr. 13a und Tom III, Planche V, Nr. 6a und b.

[2]) Hyades fand übrigens unter den Jahgan in Uschuaya auch einige Individuen mit leicht gewelltem, und ein ein-ziges (unter 100) mit gekräuselten Haaren; vergl. auch Fitz-Roy, Lit. 28, Vol. II, p. 176 oben.

[3]) Lit. 18, S. 62.

[4]) Hyades, Lit. 27, S. 158.

[5]) H. Fritsch, Comptes rendu du Congr. des Américanistes 1888, p. 276.

[6]) Virchow, Lit. 57, S. 387 und die dieser Arbeit beigegebene Tafel II.

[7]) Muss wohl heissen 38 mm.

[8]) Dagegen steht eine ältere Angabe Wilkens, Lit. 58, Bd. III, S. 491 und Lit. 43, Bd. V, S. 495.

[9]) Lit. 27, S. 131.

[10]) Archiv für Anthropologie, Bd. XIV, S. 349.

[11]) Virchow, Lit. 57, S. 388.

[12]) Hyades, Lit. 27, S. 145.

H) Allgemeine Körperverhältnisse des Lebenden.

Es sind schliesslich noch eine Reihe von Beobachtungen mitzutheilen, die in den vorausgehenden Abschnitten nicht besprochen werden konnten und die die Körperbeschaffenheit und das Aussehen des Lebenden betreffen.

Was in erster Linie die Körpergrösse anlangt, so glaubte ich im osteologischen Theil auf eine Angabe der Skelethöhe verzichten zu müssen, da dieselbe bei den geschrumpften Intervertebralscheiben und der schlechten Montirung doch nur approximativ hätte sein können. Die Körpergrösse der lebenden Individuen wird von Manouvrier im Mittel auf 1612 mm für die ♂ und 1516 mm für die ♀ angegeben, jedoch bestehen ziemliche individuelle Differenzen, was auch von den meisten Reisenden hervorgehoben wird. Obige Zahlen sind etwas höher als die von Böhr [1] mitgetheilten, sowie alle dem Stamme der Jahgan betreffenden Angaben (mit Ausnahme von Bridges, der nur 1612 mm und 1550 mm notirt).

Werden alle diese Werthe vereinigt (Bove, Halm und Hyades), so ergiebt sich eine Körpergrösse

für die ♂ von 1577 mm, davon 65 Proc. unter 1600 mm,
„ „ ♀ „ 1473 „ „ 73 „ 1500 „

Die häufigst vorkommende Grösse findet sich bei den ♂ innerhalb 1560 mm und 1630 mm; bei den ♀ innerhalb 1440 mm und 1510 mm, so dass wir die Feuerländer zu den Rassen kleiner Statur zu zählen haben.

Die Klafterlänge ist bei den fünf Alakaluf, wie bei den Jahgan (Hyades) beträchtlicher als die Körpergrösse; nach Manouvrier ist dieselbe für die ♂ = 1630 mm, für die ♀ = 1520 mm.

Auf die relativen Körperproportionen brauche ich hier nicht näher einzugehen, sondern verweise hinsichtlich derselben auf den osteologischen Theil; allen Beobachtern ist ein gewisser Mangel an Proportion aufgefallen, der sich durch die Messungen am Skelet exact feststellen liess.

Virchow [2] hat nach den am Lebenden genommenen Maassen berechnet, dass die mittlere Armlänge beinahe 91 Proc. der mittleren Beinlänge beträgt. Die untere Extremität macht bei der geringeren Muskelentwicklung fast einen degenerirten Eindruck, wozu noch gewisse Bildungen kommen, auf die ich beim Skelet hingewiesen habe, die das Knie zurücktreten lassen und beim Aufrechtstehen an seiner Oberfläche breite Hautrunzeln hervorrufen [3].

Fig. 19.

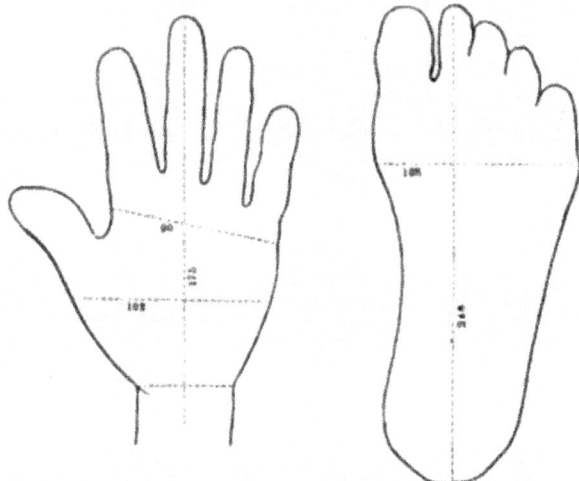

Hand und Fuss eines Feuerländers (A.).
(Nach Virchow.).

Hand und Fuss dagegen sind schön gebildet und ich reproducire die Umrisszeichnungen, die Virchow von einem ♂ Individuum (A.) gemacht und die den Gypsmodellen in der hiesigen anatomischen Sammlung ganz entsprechen.

Vor Allem sind die Füsse interessant, weil wir sicher wissen, dass sie nie irgend eine Art Schuhwerk bekleidet hat, also jede künstliche Deformation ausgeschlossen ist. Dem entsprechend sind sie breit, die Zehen werden stets ausgebreitet aufgesetzt und zwischen der ersten und zweiten besteht ein deutlicher Zwischenraum, wie ihn auch der kindliche Fuss des Europäers noch zeigt.

Der Rumpf erscheint auffallend breit, im Zusammenhange mit der Kürze des Halses, der Höhe des Brustkorbes und der Grösse der Schulterbreite. Diese letztere beträgt nach Virchow im Mittel für die ♂ 350 mm (Manouvrier ♂ = 851, ♀ = 305 mm).

[1] Lit. 5, S. 30.
[2] Lit. 57, S. 381.
[3] Vergl. hierzu besonders Essendorfer, Lit. 18, S. 62 und Prichard, Lit. 43, Vol. V, p. 425.

Alle Eigenthümlichkeiten des Kopfes sind am Schädel deutlich hervorgetreten, auch habe ich bei der Besprechung dieses bereits den Kopfindex berührt.

Das Gesicht macht einen ungemein breiten Eindruck, besonders in der Gegend des Jochbogens, nicht nur bedingt durch das unterliegende Skelet, sondern auch durch die Dicke der Haut und des Fettpolsters.

Gegen das Kinn, das vorgewölbt und abgerundet ist, verschmälert sich das Gesicht bedeutend, so dass mehr eine winkelige, als rundlich ovale Form entsteht.

Die Nase ist gewöhnlich ziemlich tief eingesattelt, unten breit, mit ganz leicht concav gekrümmtem, kurzem Rücken. Dass auch gestreckte und selbst gebogene Nasen im Lande vorkommen, wird von verschiedenen Beobachtern hervorgehoben[1]).

Der Mund ist ungewöhnlich gross, seine gerade Länge beträgt nach Virchow 57 mm, nach Hyades 55 mm für die ♂ und 56 mm für die ♀. Die Lippen sind voll und etwas wulstig.

Alle diese äusseren Formeigenthümlichkeiten werden durch die beigegebenen Tafeln illustrirt.

Schluss.

Eine Zusammenfassung der wichtigsten, im Vorausgehenden besprochenen Merkmale ergiebt für den Feuerländer folgende Charakteristik:

Kleine Statur, Hals kurz, Rumpf breit, Haut röthlichbraun, Haare straff und schwarz, am Körper, an der Scham und in der Achselhöhle mangelhaft oder fehlend. Augen klein, dunkelbraun und schmal geschlitzt. Gesicht breit in der Jochbogenregion, nach unten und oben sich verschmälernd, daher eckig. Innere Augenwinkeldistanz gross, Nase eingesattelt und breit, Mund lang. Schädel mesocephal mit leichter Tendenz zur Brachycephalie (Jahgan), zur Dolichocephalie (Alakaluf), ferner orthocephal, mesosem, phaenocyg, mesognath, leptorrhin, hypsikonch, chamaeprosop (mesoprosop), brachystaphylin, mesodont mit aufgeworfener Sagittalnaht und fliehender, schmaler Stirn. Lumbarcurve gering. Becken: platyhierisch, platypellisch. Extremitäten dolichokerkisch und dolichocnemisch. Tibialkopf retrovertirt. Obere Extremität relativ lang zur unteren.

Ein Theil der obigen Merkmale, besonders des Extremitätenskelets, dürfte sich aus functioneller Anpassung verstehen lassen und kann daher nicht als ausschliesslich für die Feuerländer charakteristisch beansprucht werden.

Die Reife-Entwickelung vollzieht sich rasch; die Geschlechtsdifferenzen sind meist gut ausgesprochen, doch bestehen bisweilen auch, vorwiegend unter den ♂, beträchtliche individuelle Unterschiede, die darauf hinweisen, dass wir es nicht mit einem unvermischten Typus zu thun haben. An den Berührungszonen mit benachbarten Stämmen finden sich deutliche Assimilationsformen.

Schliesslich bedürfen die beiden Fragen nach der ethnischen Verwandtschaft und Abstammung noch einer kurzen Erörterung, denn eine definitive Antwort wird so lange unmöglich sein, als wir nicht von allen amerikanischen Völkertypen detaillirte Monographien, speciell ihrer osteologischen Verhältnisse, zur allgemeinen Vergleichung besitzen werden.

Einstweilen kann nur darauf hingewiesen werden, dass die Feuerländer voll und ganz der Varietas americana angehören; innerhalb dieser aber besitzen sie von ihren nächsten Nachbaren,

[1]) Waitz, Lit. 58, Bd. III, S. 491 und Hyades, Lit. 27, S. 132.

den Patagoniern [1]), Araukanern [2]), Pampas-Indianern [3]), beträchtliche Verschiedenheiten, zeigen dagegen eine grössere oder geringere Uebereinstimmung mit den Botokuden [4]), Tapuios, Guarani, Aymara [5]) etc.

Die letztere besteht im Wesentlichen in der allgemeinen Form des Gesichts und Schädels; die erstere in Statur [6]), Färbung und Schädelproportionen [7]). In Folge der Aehnlichkeit mit den Botokuden zeigen die Feuerländer auch eine gewisse Verwandtschaft mit der fossilen Lagoa Santa-Rasse [8]), und die Vermuthung Denikers [9]), dass die beiden heute weit von einander getrennten Stämme, zusammen mit einigen Triben am Gran Chaco im Süden des Amazonenstromes, die versprengten Reste einer früher in Südamerika allgemein verbreiteten Rasse sind, hat viel Wahrscheinlichkeit für sich. Auf der anderen Seite hat Lovisato [10]) nachgewiesen, dass die Schädel, die sich in den zahlreichen Muschelhaufen im Feuerlande finden, identisch sind mit denjenigen der heutigen Einwohner und dass wir in diesen die ersten Besiedler des unwirthlichen Archipels erblicken dürfen.

Und was schliesslich die specielle Frage nach der Abstammung der Feuerländer anlangt, so fällt sie mit der allgemeinen nach der Herkunft des amerikanischen Menschen überhaupt zusammen.

Nachdem man immer mehr von einer autochthonen Rasse in Amerika [11]) abgekommen, ist man zur Annahme irgend einer Einwanderung genöthigt, und die Literatur ist nur zu reich an diesbezüglichen Hypothesen.

Gegen Morton [12]), der die Einheit der amerikanischen Rasse behauptet hatte, verfocht Retzius [13]) deren Zweiheit und will eine Aehnlichkeit derselben einerseits mit den Guanchen, andererseits mit malayisch-mongolischen Stämmen nachweisen können; Kollmann [14]) endlich beansprucht die heutige Pluralität schon für die prähistorische Periode und postulirt daher eine Einwanderung von vier euthycomen Varietäten.

Die Annahme eines asiatischen Ursprungs der Amerikaner ist wohl die verbreitetste; dass aber eine Infiltration von Japan aus nicht annehmbar ist, hat Brinton [15]) erst neuerdings

---

[1]) Virchow, Zeitschr. für Ethnologie 1879, S. 201. Musters, Unter den Patagoniern, Jena 1873. Lista, Lit. 30. Moreno, Viaja a la Patagonia. Buenos-Ayres 1879 etc.
[2]) Virchow, Verhandl. d. Berl. Ges. f. Anthrop. etc. 1874, S. 59. Manouvrier, Bull. d. l. Soc. d'Anthr. Paris, 3. Sér., Vol. VI, p. 727.
[3]) Oldendorf, Verhandl. d. Berl. Ges. f. Anthrop. 1874, S. 59.
[4]) Rey, Etude sur les Botocudes. Ehrenberg, Zeitschr. f. Ethnologie 1887, S. 1 u. ff. Sergi, Crani africani e crani americani, Archivio per Antropologia XXI, 1891, p. 232. Auch Darwin (Descent of Man, 2d ed. chapt. VII, p. 171) erwähnt, dass die Feuerländer an Bord des Beagle von Brasiliern für Botokuden gehalten wurden.
[5]) Quatrefages, Lit. 44 etc.
[6]) Die Patagonier haben eine mittlere Körpergrösse von 1830 mm.
[7]) Patagonier haben einen mittleren Längen-Breitenindex von 85. Dass mehrere Bildungen des Gesichts und auch des Körpers der Feuerländer vorwiegend an Eskimo erinnern, erwähnt Huxley, Lit. 24, S. 267; Röhr, Lit. 5, S. 30 und Virchow, Lit. 57, S. 390.
[8]) Sören Hansen, Revue d'Anthr. 3. Sér., Vol. IV, p. 76.
[9]) Lit. 17, abgedruckt in Lit. 27, S. 166.
[10]) Lovisato, Lit. 33.
[11]) Waitz, Lit. 58, Bd. III, S. 1 bis 3.
[12]) Morton, Types of Mankind 1854, p. 324, 325.
[13]) Retzius, Ethnologische Schriften; passim.
[14]) Kollmann, Lit. 28, S. 10 u. ff.
[15]) Brinton, Lit. 12, S. 19; vergl. auch Quatrefages, Hist. gén. des races hum., p. 558 u. ff.

gezeigt und auch eine Einwanderung von Polynesien [1]) aus wurde von Horatio Hale [2]) entschieden zurückgewiesen.

Auch hinsichtlich der Feuerländer hat man von mongoloiden Zügen gesprochen, und Garson [3]), Mantegazza-Regalia [4]) und Topinard [5]) haben einer Affinität mit den Mongolen das Wort geredet. Sergi [6]) dagegen hält diese Assimilation nicht für begründet, wenn auch gewisse Anklänge nicht zu übersehen sind. Ich bin geneigt, mich dem letzteren Forscher anzuschliessen und erinnere daran, dass ich einerseits in mehreren Merkmalen eine gewisse Verwandtschaft mit dem allgemeinen, europäischen Typus constatiren konnte, und dass andererseits wesentlich differente Bildungen theilweise durch functionelle Anpassung sich verstehen lassen. Wenn ich mich daher, auf dies geringe Material gestützt, für irgend eine Hypothese entscheiden müsste, so würde ich eine primäre Einwanderung von Europa her als die wahrscheinlichste bezeichnen [7]), aber es fehlt, um keinen Zweifel über meinen Standpunkt zu lassen, dieser Anschauung aus den oben angeführten Gründen einstweilen noch die streng wissenschaftliche Begründung.

Vielfach ist bereits mit mehr oder weniger Berechtigung eine Aehnlichkeit der quartären europäischen, sog. Neanderthalrasse mit der primitiven amerikanischen Rasse behauptet worden [8]) und wir besitzen allerdings gewichtige geologische und phytogeographische Gründe, die für eine Landbrücke zwischen Europa und Asien über Island und Grönland zur Eocänzeit sprechen [9]).

Für das Ende der Glazialzeit, die zeitlich mit der europäischen nicht durchaus zusammenfällt, ist aber durch neuere Funde die Existenz des Menschen in Amerika sicher bewiesen [10]). Seit jener (hypothetisch angenommenen) frühen Einwanderung nun, die wir uns nicht als einen einmaligen Act denken dürfen, haben allerdings unzählbare intracontinentale Mischungen und wechselseitige Penetrationen mit geologisch jüngerer, also secundärer, Beeinflussung durch asiatische Elemente stattgefunden, und auf diese Weise entstanden trotz auffallender Rassenähnlichkeit eine Summe mehr oder wenig differenter ethnischer Gruppen, deren ehemalige Relationen und Abstammung erst die Zukunft wird definitiv aufdecken können.

---

[1]) Ansicht von Pickering u. Quatrefages.

[2]) Internat. Amerikanisten-Congress, Berlin 1888.

[3]) Garson, Lit. 20, S. 157.

[4]) Lit. 36, S. 34, 42 u. 52.

[5]) Topinard, Bull. Soc. d'Anthropologie Paris, 3. Sér., Vol. IV, p. 780.

[6]) Sergi, Lit. 50, S. 61.

[7]) Diese Ansicht theilen: Brinton (Lit. 12, S. 247 u. 248), de Nadaillac (Internat. Amerikanisten-Congress 1890) u. de Hovelaque (Bull. Soc. d'Anthrop. Paris, 4. Sér., Tom. II, p. 247). Hinsichtlich der Gründe, die bereits Lund (1842) für diese Hypothese angab, vergl. Burton, The primordial Inhabitants of Minas Geraes Journal Anthr. Inst. of Great Britain, Vol. II, p. 408.

[8]) Bull. Soc. d'Anthr. Paris, 4. Sér., Tom. II, p. 247 u. ff.

[9]) A. J. Inkes-Browne (The Building of the British Isles, London 1888, p. 252, 257) vermuthet, dass diese Landverbindung noch durch die Miocän- u. Pliocänperiode weiter bestand (cit. nach Brinton).

[10]) Brinton, Lit. 13, S. 26 bis 28.

Dr. Rudolf Martin.

Feuerländer-Crania.

Nr.	Maasse	H.	C.	♂	Fr. C.	L.	Gr.	♀	♂+♀
1.	Capacität	1470	1710	1590	1370	1320	1400	1363	1454
2.	Gewicht	795	945	870	745	690	735	723	796
3.	Horizontalumfang	530	560	545	515	525	513	517,6	528,6
4.	Verticalumfang	310	323	316,5	303	288	305	298,6	305,8
5.	Medianumfang	375	405	390	380	360	370	370	378
6.	Verticalumfang über dem Bregma	300	318	309	296	285	295	292	300
7.	Frontalbogen	122	130	126	119	118	120	119	122
8.	Parietalbogen	130	128	129	141	125	111	125	127
9.	Occipitalbogen	125	144	134	130	120	139	129	131
10.	Cranialbogen	375	401	388	379	362	368	369	376
11.	Totaler Medianumfang	514	547	530	511	494	506	503	514
12.	Gerade Schädellänge	182	193	187	182	177	184	181	183
13.	Grösste Schädellänge	187	198	192	184	186	185	185	188
14.	Intertuberallänge	182	198	190	183	177	184	181	184
15.	Nasion — Protuberantia occipitalis	178	188	183	165	179	173	172,3	176
16.	Schädelbasislänge	103	106	104	95	96	98	96	99
17.	Gesichtstiefe	100	100	100	93	98	97	96	97
18.	Seitliche Tiefe	66	72	69	68	77	71	72	70,8
19.	Basion — Kinn	111	111	111	102	110	105	105	107
20.	Schädelhöhe, proj.	135	148	141	133	126	135	131	135
21.	Freie Höhe	137	145	141	132	126	134	130	134
22.	Ohrhöhe, proj.	126	139	132	126	120	123	123	126
23.	Freie Höhe	135	138	136	130	128	127	128	132
24.	Opisthionhöhe — ½ Sutura sagitalis	125	133	129	118	118	126	121	124
25.	Opisthionhöhe — Lambda	100	112	106	96	96	110	101	103
26.	Grösste Schädelbreite	142	148	145	142	143	140	142	143
27.	Breite zwischen den Tubera parietalia	139	137	138	132	131	134	132	135
28.	Breite zwischen den Asterien	111	117	114	113	105	109	109	111
29.	Breite über dem Ohr	127	135	131	124	133	124	127	129
30.	Breite der Coronalnaht	115	124	119	111	112	111	111,3	115
31.	Obere Gesichtsbreite	114	113	113,5	103	105	106	105	108
32.	Jochbreite	138	146	142	136	136	134	135	138
33.	Mittelgesichtsbreite	100	105	102,5	93	93	96	94	98
34.	Kleinste Stirnbreite	98	105	101,5	86	90	95	90	95
35.	Breite zwischen den Stephanien	109	113	111	104	96	106	102	105
36.	Bimalarbreite	106	106	106	98	100	100	99	102
37.	Nasomalarbreite	117	118	117,5	104	104	108	105	110
38.	Breite des Proc. alveol. des Oberkiefers	70	70	70	60	65	63	63	66
39.	Maxillarbreite	66	67	66,5	60	65	61	62	64
40.	Interorbitalbreite	25	25	25	21	21	22	21	23
41.	Orbitalbreite	42	43	42,5	41	39	41	40	41
42.	Nasenbreite	26	26,5	26	22	24,5	25	24	25
43.	Schädelbasisbreite	112	112	112	102	108	102	104	107
44.	Stirnhöhe	104	110	107	106	104	104	105	106

Nr.	Maasse	M.	C.	♂	Fr. C.	L.	Gr.	♀	♂ + ♀
45.	Nasenhöhe	54	54	54	48	50	51	49,6	51
46.	Orbitalhöhe	37	35	36	34	33	37	35	35
47.	Obergesichtshöhe	70	73	71,5	65	73	71	70	70
48.	Ganzgesichtshöhe	117	126	121,5	105	118	118	114	117
49.	Orbitaltiefe	51	52	51,5	50	52	48	50	51
50.	Länge des Foramen magnum	36	36	36	36	38	38	37	37
51.	Breite des Foramen magnum	32	30	31	32	31	32	32	31,5
52.	Länge des Gaumens	49	49	49	45	49	46	47	48
53.	Maxillarlänge	55	57	56	53	56	53	54	55
54.	Molarenlänge	43	42,5	42,5	40	43	43	42	42
55.	Breite des Gaumens	47	43	45	40	44	39	41	43
56.	Mittlere Breite des Gaumens	41	45	43	36	44	37	39	41
57.	Breite der Pars basilaris	21	24	22,5	26	23	23	24	23
58.	Länge der Pars basilaris	25	23	24	22	23	24	23	23,5
59.	Condylenbreite des Unterkiefers	115	124	119,5	126	121	117	121	121
60.	Winkelbreite des Unterkiefers	99	113	106	98	103	104	102	104
61.	Kinnhöhe	33	40	36,5	32	37	35	35	35
62.	Asthöhe	56	60	58	57	65	55	59	59
63.	Astbreite	33	38	35,5	29	34	34	32	34
64.	Profilwinkel (Spina nasalis)	71	76	73	77	72	72	73	73
65.	Profilwinkel (Processus alveol.)	61	64	62,5	64	56	56	59	60
66.	Lage des vorderen Stirnpunktes	— 1	—1,5	—1,25	— 3	0	— 3	— 3	— 1,7
67.	Lage des Bregma	52	52	52	43	59	51	51	51,5
68.	Lage der ⅔ der Sutura sagittalis	138	140	139	139	142	124	135	137
69.	Lage des Lambda	168	168	168	166	168	157	164	165
70.	Lage des hinteren Occipitalpunktes	184	197	190,5	184	185	182	183	186
71.	Lage der Ohröffnung	99	108	103,5	96	98	95	96	99
72.	Lage des Opisthion	140	145	142,5	129	136	135	133	137
73.	Lage des Basion	104	108	106	98	98	97	98	101
74.	Längen-Breitenindex	75,9	74,7	75,3	77,1	76,8	75,6	76,5	76,0
75.	Längen-Höhenindex	73,3	73,2	73,25	71,7	67,7	68,6	69,3	70,9
76.	Breiten-Höhenindex	96,4	97,9	97,1	92,9	88,1	95,7	92,2	94,2
77.	Gesichtsindex	84,7	86,3	85,5	77,2	86,7	88,0	83,9	84,6
78.	Obergesichtsindex	70,0	69,5	69,7	69,8	78,4	73,9	74,0	71,8
79.	Nasenalarindex	110,3	111,3	110,8	106,1	104,0	108,0	106,0	107,9
80.	Index Fronto-zygomaticus	78,9	77,3	78,1	76,4	70,5	79,1	75,3	76,4
81.	Cranio-facialindex	97,1	98,7	97,9	95,6	95,1	95,7	95,5	96,0
82.	Orbitalindex	88,0	81,3	84,6	82,9	84,6	87,7	85,0	84,9
83.	Nasalindex	48,1	49,0	48,5	45,8	49,0	49,0	47,9	48,1
84.	Index gnathicus	97,0	95,2	96,2	97,7	102,0	98,9	99,3	98,1
85.	Gaumenindex	95,9	87,7	91,8	88,8	89,7	84,7	87,7	89,7
86.	Palato-maxillarindex	120	117	118,5	113	116	115	114,6	116,2
87.	Molarindex	41,7	40,1	40,8	42,1	44,7	43,8	43,5	42.4
88.	Index des Foramen magnum	88,8	83,3	86,0	88,8	81,5	84,2	84,8	85,0

Literaturverzeichnis[1]).

1. Beauregard: Sur les tribus qui habitent la Terre de Feu. Bull. Soc. d'Anthrop. Paris, 3. Sér. V. p. 272.
2. Bischoff, v.: Die Feuerländer in Europa. Bonn 1882.
3. Bischoff, v.: Bemerkungen über die Geschlechtsverhältnisse der Feuerländer. Sitzungsberichte d. math.-phys. Classe d. k. Akademie d. Wiss. in München, Bd. XII, 1882, S. 243.
4. Bischoff, v.: Weitere Bemerkungen über die Feuerländer. Sitzungsberichte der math.-phys. Classe der k. Akad. d. Wiss. in München. Bd. XII, 1882, S. 356.
5. Böhr: Besuch von Feuerländern an Bord S. M. S. Hansa. Verhandl. d. Berlin. Ges. f. Anthrop. u. s. w. 1881, S. 30.
6. Bollinger: Ueber die Feuerländer. Correspondenzblatt d. deutsch. Ges. f. Anthrop. u. s. w., Bd. XV, April 1884.
7. Bove: Patagonia, Terra del Fuego etc. Genua 1883; siehe auch Globus Bd. XLIII, S. 157 u. ff. und Archivio per Antrop. 1882, p. 287 — 299.
8. Bove: The inhabitants of Terra del Fuego. Guido Cora's Cosmos, Vol. VII, 1883, p. 181, 231 u. 272. Auch Nature, 9. Aug. 1883, S. 344.
9. Bridges: La Tierra del Fuego y sus habitantes. Bol. del. Inst. geogr. Argent. Vol. VII, 1886, p. 200 u. ff.
10. Bridges: Das Feuerland und seine Bewohner. Globus, Bd. XLVII, 1885, S. 331 bis 333.
11. Bridges: The Jahgans of Tierra del Fuego. (Extract from a letter.) Journ. of the Anthrop. Institute etc. Vol. XIV, p. 288.
12. Brinton: Races and Peoples. New York 1890.
13. Brinton: The American Race. New York 1891.
14. Corra, E.: Les sauvages de la Terre de Feu, leur origine, leurs moeurs et leur acclimatation. Paris, Bonzin, 1881.
15. Cunningham, R. O.: Notes on the Natural History of the strait of Magellan etc. London 1871.
16. Darwin, Ch.: Journal of Researches into the Natural History and Geology of the Countries visited during the Voyage of H. M. S. Beagle. 5. ed. London 1889.
17. Deniker: Sur les Fuégiens. Congr. internat. des Américanistes. 8. Sess. Paris 1890.
18. Essendorfer: Begegnung mit Feuerländern in der Magellan-Strasse. Verhandl. d. Berl. Ges. f. Anthr. etc., 1880, S. 60.
   Fitz-Roy — vide King and Fitz-Roy. Nr. 28.
19. Flower: Catalogue of the specimens, illustrating osteology etc., in the Mus. of Roy. College of Surgeons of England I, 179.
20. Garson: On the inhabitants of Tierra de Fuego. Journ. of the Anthrop. Inst. etc. Vol. XV, p. 141 — 160.
21. Geoffroy-Saint-Hilaire: Portrait d'un Fuégien. Bull. Soc. Anthrop. Paris. Tom. II, p. 535.
22. Giglioli: Viaggio intorno al Globo della R. pirocorvette ital. Magenta. Milano 1875.
23. Hahn: La mère et l'enfant chez les Fuégiens. (Correspondance.) Bull. Soc. Anthr. Paris, 3. Sér., Tom. VI, p. 804.
24. Huxley: On the form of the cranium among the Patagonians and Fuegians etc. Journ. of Anatomy and Phys. Vol. II, 1868, p. 253.
25. Hyades: Contribution à l'ethnographie fuégienne. Bull. Soc. d'Anthr. Paris. 3. Sér., Tom. VII, p. 147 — 168. Im Anschluss daran Uebersetzung einer Arbeit von Bridges, S. 169 bis 184; ferner S. 616 und 716; dito Bd. VIII, S. 200 und 462; Bd. IX, S. 202 und Bd. X, S. 327 bis 345.
26. Hyades: Ein Jahr am Cap Horn. Globus, Bd. IL, 1886, S. 1, 17 und 33.
27. Hyades und Deniker: Mission scientifique du Cap Horn. Tom. VIII. Paris 1891.
28. King and Fitz-Roy: Narrative of the Surveying Voyages of H. M. S. Adventure and Beagle. London 1839.

[1]) Enthält nur die wichtigste, neuere, die physische Anthropologie der Feuerländer betreffende Literatur. Alle übrigen Literaturangaben siehe im Text.

29. Kollmann: Die Autochthonen Amerikas. Zeitschr. f. Ethnologie, Bd. XV, S. 1 bis 47.
30. Lista, R.: Viaje al Pais de los Onas. Buenos-Aires 1887. Ref. Ausland 1888, S. 347.
31. Lista, R.: La Tierra del Fuego y sus habitantes. Bolet. del Inst. geogr. Argent. II, Nr. 6, p. 109.
32. Lista: Cosmos IX, Nr. 1 und Petermann's Mittheilungen 1887, S. 156 und 254.
33. Lovisato: Appunti etnographici con accenni geologici sulla Terra del Fuoco. Cora's Cosmos VIII, p. 97.
34. de Lucy-Fossarieu: Ethnographie de l'Amérique antarctique etc. Mém. Soc. d'Ethnogr. de Paris, Vol. I, p. 103—179. 1884.
35. Manouvrier: Sur les Fuégiens du Jardin d'acclimatation. (Mit Discussion.) Bull. Soc. d'Anthr. de Paris, 3. Sér., Tom. IV, p. 760—790, 814—868 und Tom. V, p. 12—22.
36. Mantegazza und Regalia: Studio sopra una serie di crani di Fuegini. Archivio per Antropologia, Vol. XVI. Fasc. 3, p. 463—517.
37. Marcel, Gabriel: Relations et journaux de bord français inédits sur les Fuégiens. Congr. internat. des Américanistes. 8. sess. Par. 1890.
38. Marguin: La Terre de Feu. Bull. de la Soc. de Géogr. Paris 1873. Tom. X, p. 485.
39. Mondière: Note sur quelques moulages d'organes génitaux des Fuégiens. L'Homme II, p. 111.
40. d'Orbigny: l'Homme américain. Paris 1839, I.
41. Owen: Descriptive Catalogue of the osteological series in the Mus. of Royal College of Surgeons. London 1853, Tom. II, p. 846.
42. Popper: Exploracion de la Tierra del Fuego. Bol. Inst. geogr. Argent. 1887, VIII, Nr. 4 u. 5, p. 75—97, und Bericht in Scott. Geogr. Mag. 1888, p. 319—326.
43. Prichard: Researches into the Physical History of Mankind. London 1851. Vol. V.
44. de Quatrefages et Hamy: Crania ethnica. Paris 1874, p. 477.
45. Reynaud: Note sur les Fuégiens. Rev. d'Anthrop., 2. Sér., Tom. I, p. 323.
46. de Rochas: Journal d'un Voyage au détroit de Magellan etc. Tour du Monde 1861. Ref. u. Discuss. in Bull. Soc. Anthr. Paris, Tom. III, p. 118—152.
47. Seggel: Ueber die Augen der Feuerländer. Archiv f. Anthropologie, Bd. XIV, S. 349.
48. Seitz: Ueber die Feuerländer. Virchow's Archiv, Bd. 91, 1883, S. 154 bis 189.
49. Seitz: Zwei Feuerländergehirne. Zeitschr. f. Ethnol. Bd. XVIII, 1886, S. 237 bis 284.
50. Sergi: Antropologia fisica della Fuegia. Atti della R. Academia Medica di Roma. 2. sér. Tom. III, p. 33.
51. Sergi: Antropologia fisica della Fuegia. Nuove Osservazioni. Arch. per Antr., Tom. XVIII, 1888, p. 25 und Bulletino della R. Accademia Medica di Roma Anno XIV. Fascicolo I.
52. Snow, Parker: A two years cruise of Tierra del Fuego etc. London 1857.
53. South American Missionary Magazine 1867 bis 1891. Vol. I—XXV.
54. Turner: Report of the Scientific Results of the Voyage of H. M. S. Challenger. Zoology, Vol. X, Part 29, p. 17 und Part 47, passim, spec. p. 127.
55. de Valdailly: Note sur les Fuégiens de la baie de l'Isthme. Bull. Soc. Anthr. Paris, 2. Sér., Tom. XI, p. 293.
56. Virchow: Die Anthropologie Amerikas. Verh. d. Berl. Ges. f. Anthr. 1877, S. 144 bis 156.
57. Virchow: Die Feuerländer. Verhandl. d. Berl. Ges. f. Anthr. 1881, S. 375 bis 394.
58. Waitz: Anthropologie der Naturvölker. Leipzig, Bd. III.
59. Wilkes: Narrative of the U. St. Exploring Expedition during the years 1838—1842. Vol. I. Philadelphia 1841.
60. Wood: Natural History of Mankind. London 1870. Australia etc. p. 513.

Erklärung der Tafeln.

Tafel I.

Schädel einer Feuerländerin (L.).

Fig. 1 Norma frontalis. — Fig. 2 Norma lateralis. — Fig. 3 Norma verticalis. — Fig. 4 Norma occipitalis.

Tafel II.

Abbildungen von vier Feuerländern. (Nach photographischen Aufnahmen von Pierre Petit in Paris.)

Fig. 1 Capitano. — Fig. 2 Frau Capitano. — Fig. 3 Henrico. — Fig. 4 Liese.

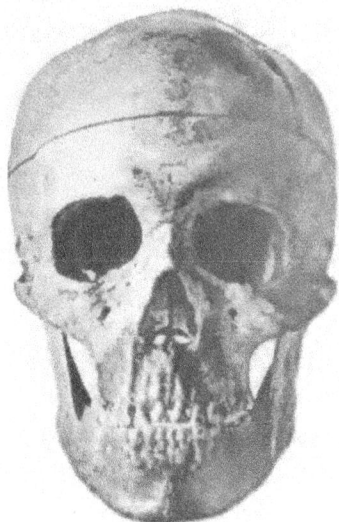

Fig. 1.

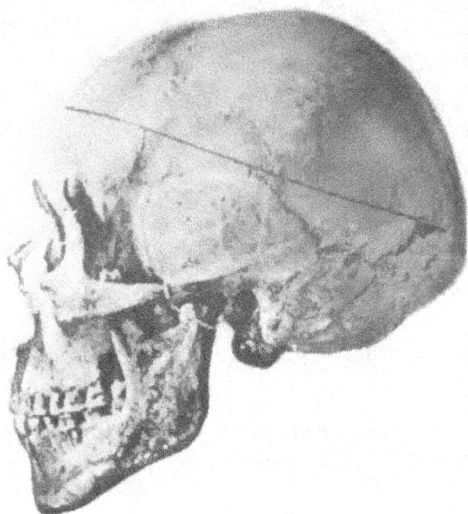

Fig. 2.

Fig. 3.

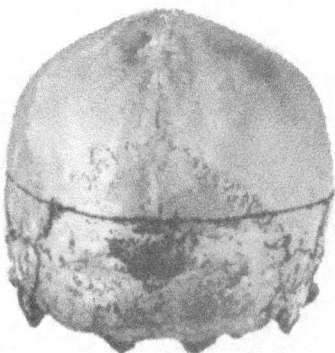

Fig. 4.